普通话与教师口语

（上编）

主　编　张　扬　李　薇
副主编　冯国荣　王长缨　梁丽萍

北京理工大学出版社
BEIJING INSTITUTE OF TECHNOLOGY PRESS

版权专有　侵权必究

图书在版编目(CIP)数据

普通话与教师口语 / 张扬, 李薇主编. -- 北京：北京理工大学出版社, 2024.11.
ISBN 978-7-5763-3873-7

Ⅰ. H102;H193.2

中国国家版本馆 CIP 数据核字第 2024RM6576 号

责任编辑：龙　微　　　**文案编辑**：邓　洁
责任校对：刘亚男　　　**责任印制**：施胜娟

出版发行 / 北京理工大学出版社有限责任公司
社　　址 / 北京市丰台区四合庄路 6 号
邮　　编 / 100070
电　　话 / (010) 68914026（教材售后服务热线）
　　　　　　 (010) 63726648（课件资源服务热线）
网　　址 / http://www.bitpress.com.cn

版 印 次 / 2024 年 11 月第 1 版第 1 次印刷
印　　刷 / 定州启航印刷有限公司
开　　本 / 889 mm×1194 mm　1/16
印　　张 / 19
字　　数 / 368 千字
定　　价 / 85.00 元

图书出现印装质量问题，请拨打售后服务热线，负责调换

前言 PREFACE

普通话和规范汉字是我国的国家通用语言文字，在一般情况下，各级各类学校都要以普通话为教学语言和工作语言。随着社会经济的发展进步，各行各业无论是出于主体业务工作需要，还是企业品牌形象建设的需求，都对员工的普通话表达能力提出了越来越高的要求。因此，普通话表达能力已经成为我国当代社会人工作、学习和生活的一项必备通识技能。学校、学生和家长都越来越明白普通话表达能力的重要性。

个人语言习惯的形成和语言能力的培养都始于婴幼儿时期，这一时期的语言环境和语言教育对每个人未来一生的语言表达能力都有着深远的影响。因此，语言也是幼儿园教育的五大领域之一。在学前教育阶段，幼儿教师的普通话表达能力和教学能力对婴幼儿产生的引领示范作用最大，也是婴幼儿学习和模仿的主要对象。因此，幼儿教师应当具备良好的普通话表达和教学能力。

本教材以习近平新时代中国特色社会主义思想为指导，贯彻落实党的二十大精神，以《幼儿园教育指导纲要（试行）》和《3~6岁儿童学习与发展指南》等文件为依据，遵循《中华人民共和国国家通用语言文字法》和《普通话水平测试大纲》，按照学前教育专业群人才培养方案和《普通话与教师口语》课程标准相关规定，结合普通话水平测试相关内容和学前教育行业一线工作实际情况编写。

本教材具有以下特点。

1. **知识的适用性与学生的发展性相结合**

本教材主要部分的知识点和技能点以院校学生的学业水平基础和学习能力基础为参照系进行编写，以满足学生未来在学前教育行业一线岗位工作所需为度，控制知识量和难易度，同时在一定范围内兼顾学生未来的可持续性职业发展需求，给不同程度的学生提供学习支持。

2. **理论的完整性与实训的过程性相结合**

本教材由上编、下编和二维码资源三部分构成。上编充分遵循文科类课程的特点，以传统的理论陈述为主，引入思维导图、三维目标，保证理论知识的完整性，为教师教学和学生学习提供基础依据。下编充分引入工作手册式、活页式等编写方法，结合实训项目，设计标准化、流程化的实训文本，使使用性和实用性大幅提高，既能保证课堂实训质量，又为学生的课前预习和课后复习提供了方法、流程、评价上的指导，助力学习效率的提高。二维码资源给学生提供了较多的相关知识阅读资料，帮助学生拓宽专业视野，完善知识体系结构，并提供了大量的练习资料，避免了学习初期学生自己找资料难、不准确、不适用的问题。上编、下编和二维码资源三部分有机结合，满足了理实一体化的教学需求，有助于学生的知识和技能水平同步提升，为学生未来的进一步深造奠定基础。

3. **技能的专业性与育人的思想性相结合**

幼儿教师不仅要有扎实过硬的专业技能，同时作为教育工作战线上的第一棒，师德师风尤为重要，在思想品德上也要给婴幼儿树立榜样，做好领路人。本教材从传承中华优秀传统文化、树立文化自信、坚守职业道德、爱岗敬业、践行社会主义核心价值观等多个方面，在知识讲授、作品朗读、命题演讲、案例分析、小组作业等诸多环节对学生进行思想教育。

4. **"岗、课、赛、证"四位一体，重构教学内容**

编写组由高校专业教师和一线幼儿教师共同组成，立足一线岗位工作实际，紧密结合普通话水平测试证书和幼儿园教师资格证书考试的要求，以及学前教育专业群相关各类技能大赛的语言模块内容，对课程内容进行了重构，与学生未来的工作和职业发展需求适切度更高。

本教材在使用过程中应注意以下两点。

（1）本教材上编和下编均分为"普通话"和"幼儿教师口语"两部分，相应的章节和实训项目一一对应，学习过程中亦应对应使用，不可割裂。

（2）实训环节中如需重复使用相应的表格模板，请扫码下载打印。

本教材由张扬、李薇担任主编，冯国荣、王长缨和梁丽萍担任副主编。张扬负责编写主教材第一至第四章、实训手册模块一至模块三；李薇负责编写第七至第九章、实训手册模块五至模块七；冯国荣负责编写主教材第十章和第十一章；王长缨负责编写编写第五章和第六章、实训手册模块四，撰写前言、后记；梁丽萍负责编写实训手册模块八和模块九，整理行

业企业工作案例和扫码阅读资源。

受编者时间和能力所限,本教材内容难免存在疏漏之处,敬请读者为我们提出宝贵的意见和建议,我们将在今后的修订工作中不断改进。

编　者
2024 年 8 月

目 录
CONTENTS

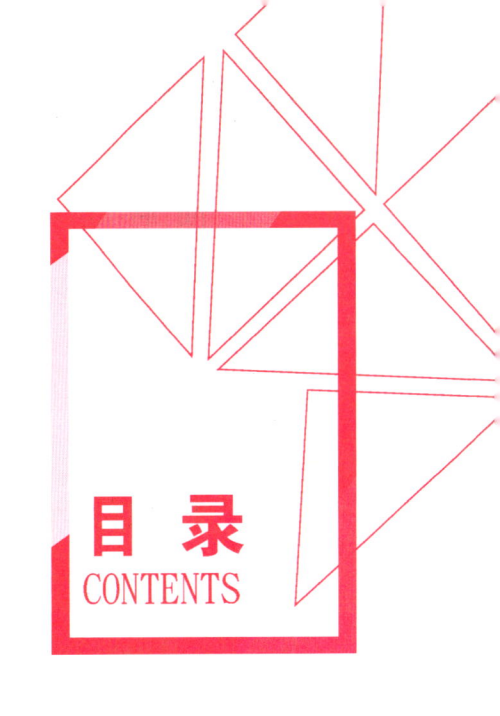

第一章　普通话概述 ··· 1
　第一节　什么是普通话 ··· 3
　第二节　学习普通话 ··· 6

第二章　普通话语音 ··· 10
　第一节　呼吸控制与共鸣控制 ··· 12
　第二节　普通话语音基础知识 ··· 14
　第三节　声母发音训练 ··· 18
　第四节　韵母发音训练 ··· 22
　第五节　声调发音训练 ··· 26
　第六节　语流音变 ··· 28

第三章　朗读 ··· 33
　第一节　朗读技巧 ··· 35
　第二节　文学作品的简易朗读方法 ·· 39

第四章　演讲 ………… 43
- 第一节　演讲概述 ………… 45
- 第二节　叙述型演讲 ………… 48
- 第三节　论述型演讲 ………… 50

第五章　普通话水平测试 ………… 55
- 第一节　普通话水平测试简介 ………… 56
- 第二节　普通话水平测试流程 ………… 60

第六章　态势语 ………… 66
- 第一节　态势语概述 ………… 67
- 第二节　态势语技巧训练 ………… 70

第七章　幼儿故事讲述 ………… 77

第八章　幼儿教师职业口语 ………… 90
- 第一节　幼儿教师职业口语概述 ………… 91
- 第二节　幼儿教师常用的修辞训练 ………… 105

第九章　幼儿教师教学口语 ………… 108
- 第一节　幼儿教师教学口语概述 ………… 109
- 第二节　幼儿园教学谈话用语 ………… 113
- 第三节　集体教学活动指导用语 ………… 117

第十章　幼儿教师教育口语 ………… 136
- 第一节　幼儿教师教育口语概述 ………… 138
- 第二节　沟通语 ………… 142
- 第三节　表扬语 ………… 150
- 第四节　批评语 ………… 155
- 第五节　说服语 ………… 157

第六节　激励语 ··· 159
第七节　评价语 ··· 160

第十一章　幼儿教师交际口语 ·· 165

第一节　幼儿教师交际口语概述 ·· 167
第二节　与幼儿家长的谈话 ·· 168
第三节　与同事的谈话 ·· 177

参考文献 ··· 184

第一章

普通话概述

章前故事

陕西某高校学前教育专业学生小张立志毕业后要做一名优秀的幼儿教师。小张认为在幼儿园工作需要钢琴、舞蹈、声乐、美术四大技能，因此在校期间上课十分认真，下课就在琴房、舞蹈厅或者美术教室刻苦练习。功夫不负有心人，小张的专业技能成绩一直名列前茅。

毕业前，学校为学前教育专业的同学们联系了广东省珠海市的多家幼儿园，组织大家进行了汇报演出，以便用人单位与毕业生进行双向选择。因小张参加了多个节目，其专业技能受到不少幼儿园招聘负责人的认可，都表示愿意与她签约。最终小张选择了一家工作环境和待遇都非常不错的园所，同学们纷纷表示羡慕不已。

可好景不长，过了一个多月，学校就业办的老师就接到了小张的电话，她询问老师是否能推荐她回陕西本地的幼儿园工作。老师们对小张的想法非常不解，于是联系了珠海这家幼儿园的园长。园长说，幼儿园非常认可小张的专业技能水平和工作态度，也非常希望她能够留在幼儿园工作，可小张的普通话太不标准，有着浓重的方言口音，小朋友们出于好奇，纷纷模仿小张的口音，很快幼儿园就收到了家长的投诉。家长们表示，身处粤方言区的孩子本身学习普通话就有一定难度，之所以送孩子到优质园所就读，就是想让孩子能够在幼儿园打好普通话基础，未来上大学和就业时减少一些困难，可现在孩子不仅普通话没有提升，还学会了新的方言，于是要求园所更换老师。园所为小张连续更换了数个班级，结果都一样，最后小张只能自己主动提出离职。

回到陕西后，小张依然无法在西安或者各地级市比较好的幼儿园找到工作，最后只能在家庭所在地找了一所普通幼儿园就业。

【思考】

（1）小张的普通话语言表达能力短板在日常工作中可能让她面临哪些困难？

（2）为什么珠海的幼儿园学生家长如此重视幼儿教师的普通话水平呢？

（3）小张应该怎样提高自己的普通话语言表达能力？

带着以上三个问题，我们进入本章课程的学习和探索，希望同学们在学习完本章知识后，能够对普通话有基本、科学的认知，明白学好普通话的意义和作用，自觉树立幼儿教师的普通话示范责任感，并付诸实际行动。

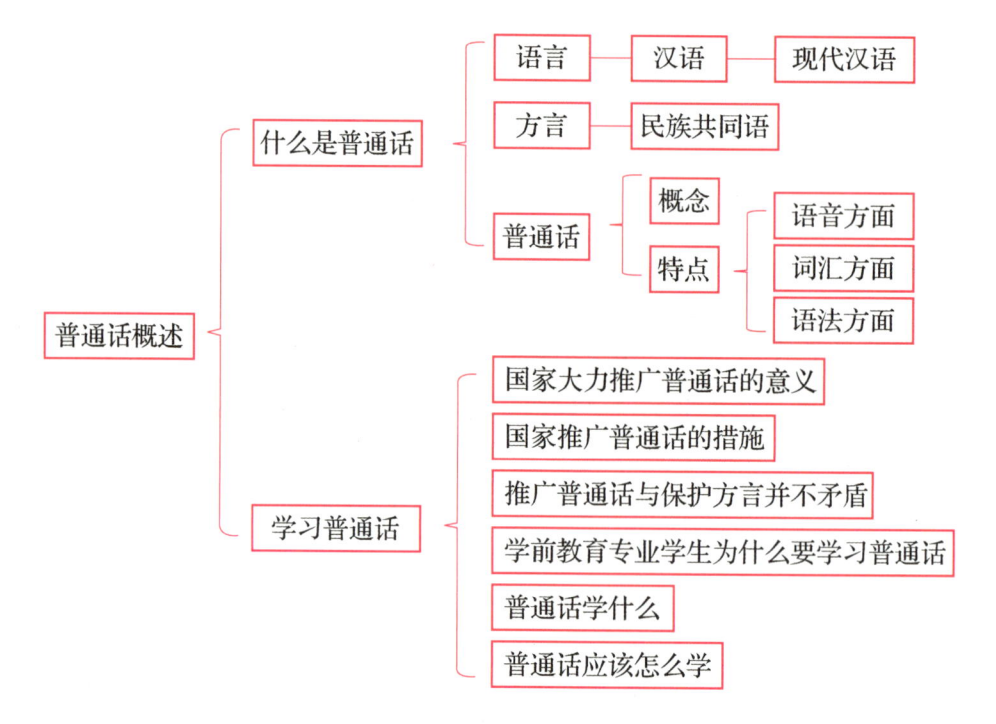

知识导图

普通话概述
- 什么是普通话
  - 语言 — 汉语 — 现代汉语
  - 方言 — 民族共同语
  - 普通话
    - 概念
    - 特点
      - 语音方面
      - 词汇方面
      - 语法方面
- 学习普通话
  - 国家大力推广普通话的意义
  - 国家推广普通话的措施
  - 推广普通话与保护方言并不矛盾
  - 学前教育专业学生为什么要学习普通话
  - 普通话学什么
  - 普通话应该怎么学

学习目标

知识目标

（1）了解语言、汉语、现代汉语、方言、民族共同语、普通话的概念和它们之间的关系。

（2）了解普通话的特点。

（3）了解推广普通话的意义、措施。

（4）了解学前教育专业学生学习普通话的原因、普通话学习的内容和方法。

能力目标

（1）能够根据实际使用环境、使用需求选择正确的汉语表现形式。

(2)能够做出普通话学习的初步规划。

素质目标

(1)了解汉语源远流长的发展史,树立牢固的民族语言自豪感和文化自信。
(2)树立幼儿教师的普通话示范责任感,培养自觉推广普通话的意识。

第一节　什么是普通话

一、语言

语言是一种音义结合的符号系统,是人们最重要的交际工具和思维工具。每一种语言都由语音、词汇、语法三个不可或缺的基础部分构成。

二、现代汉语

汉语是汉民族的语言,从时间的维度上看,随着历史的演进和时代的变迁,可以分为古代汉语和现代汉语。现代汉语广义上是指现代汉民族所使用的语言(包括普通话和方言),狭义上是指现代汉民族共同语(普通话)。

现代汉语有两种常见的表现形式:口语和书面语。

口语是人们在日常生活中用于口头交际的语言。口语用词范围较窄,短句居多,结构简单,语法精密度低,更倾向直观理解,语言垃圾相对较多,地方色彩更浓郁。

书面语是指用文字写出来的语言。书面语用词更规范,语法和句式更加复杂,一定程度上需要人们在理解的过程中推敲琢磨,通行性更广。

所有的民族都有口语,但只有文明发展到一定程度的民族才有书面语。口语是基础,经过提炼、加工形成了书面语,经过进一步的规范化又形成了文学语言。

文学语言,又称作标准语,是现代汉民族语言中经过高度加工、符合规范的语言,是民族共同语的高级形式。文学语言在词汇、语法、句式上都经过高度的加工和规范,所承载的思想内容更加丰富,广泛运用于正式的表达场合,以满足高要求的表达需求。文学语言既有书面语形式,也有口语形式。

有两点需要注意:并不是所有用有声语言进行表达的都是口语,比如新闻发布会、诗歌朗诵等,虽然是口头表达,但使用的是书面语,或者是文学语言的口语形式;并不是所有用文字进行书面记载的都是书面语,比如电视娱乐节目中的字幕、文学作品中的口语对话等,都属于口语的范畴。

三、方言和民族共同语

语言在空间的维度上,根据通行地域的大小,可以分为方言和民族共同语。

(一) 方言

方言是民族语言的地方分支,是局部地区人们使用的语言。

一个民族可以有多种方言并存,也会有旧的方言消失、新的方言形成的现象。世界各民族的语言在各自的发展过程中时而分化、时而统一,方言就是在分化和统一的复杂过程中形成的。一般来说,历史越悠久、使用人口越多、通行范围越广的语言,形成的方言也就越多。同一民族语言的各种方言在通行地域上有所不同,各自有一套相对完整的结构系统,但都隶属于这一民族语言,是民族语言的一个部分,不是独立于民族语言之外的另一种语言。方言间是同源异流的关系,呈现出"同中有异、异中有同"的特点。

比如西安地区使用的是关中方言,延安地区使用的则是陕北方言,两者都属于陕西方言,而陕西方言又属于北方方言。目前,对我国的方言划分有"七区说"和"十区说"两种,其中"七区说"认可度较高,分为北方方言、吴方言、湘方言、赣方言、闽方言、粤方言、客家方言。

上述划分叫地域方言,在语言学研究,尤其是语音学研究上,是使用较多的一种划分方法。还有一种划分方法叫社会方言,是指同一地域内不同人群使用的语言分支,往往是由于使用者的职业、阶层、年龄、性别、文化教养等方面的社会差异形成的。社会方言的划分广泛运用于职业教育、工作和社会生活之中,比如不同职业的职业用语、不同阶层的工作交往和私人社交用语等。

地域方言和社会方言虽然划分方法不同,但是有一定的共同点,比如它们都是民族语言分化的结果,都是语言发展不平衡性的体现,都没有全民性的特点,都由全民语言的材料构成等。

(二) 民族共同语

上述林林总总的方言都属于汉语,也就是汉民族使用的语言。虽然都是汉语,交流起来却有不同程度的困难,于是,随着民族交流和民族融合,随着社会文化的不断发展进步,在方言的基础上,渐渐形成了民族共同语。民族共同语就是一个民族全体成员通用的语言。

方言的形成在民族共同语的形成之前,方言是民族共同语形成的基础;在民族共同语形成之后,很长的时间里,方言仍然可以与民族共同语并存。

民族共同语并不是方言的大杂烩。一般情况下,民族共同语是在一种方言的基础上形成的,这种方言对民族共同语的形成所产生的影响远大于其他方言,具有决定性的意义。作为民族共同语的基础的方言就叫作基础方言。什么方言能成为基础方言,取决于这种方言在社会中所处的地位,受政治、经济、文化乃至人口数量等诸多因素影响。

四、普通话

1955年，现代汉语规范问题学术会议提出，把汉民族共同语称为普通话。1956年2月，国务院发布《关于推广普通话的指示》，正式确定普通话的具体含义，即以北京语音为标准音，以北方话为基础方言，以典范的现代白话文著作为语法规范的现代汉民族共同语。

与很多国家的民族共同语相比，普通话的形成过程和影响因素更为复杂。从元、明、清至今的800多年里，北京一直是我国政治、经济、文化的中心，所以北京语音自然而然地成为标准音；长期以来，北方各省人口众多、交流频繁、文化繁荣，北方方言的融合度高，北京又地处北方方言区，所以北方方言自然成了基础方言；在白话文运动的过程中，以鲁迅为代表的一大批文学巨匠以白话文创作出了数不清的文学名著，促使白话文代替了文言文，成为书面语的标准形式和通用形式，使汉语的口语和书面语得到了统一，自然地，这些典范的现代白话文著作也就为了现代汉民族共同语的语法规范。

五、普通话的特点

（一）语音方面

音节界限分明，乐音较多，加上声调的高低变化和语调的抑扬顿挫，因而具有音乐性强的特点。

（1）没有复辅音。

在一个音节内，无论开头或是结尾，都没有两个或者三个辅音连在一起的现象。因此，汉语音节的界限分明，音节的结构形式比较整齐。

（2）元音占优势。

汉语音节中可以没有辅音，但不能没有元音。普通话有辅音声母21个，元音韵母23个，带辅音的韵母16个。元音是乐音，清辅音是噪声，浊辅音是乐音和噪音的集合。汉语语音的乐音成分比较多。

（3）有声调。

每个音节都有一个声调，声调可以使音节和音节之间的界限分明，又富于高低升降的变化，于是形成了汉语音乐性强的特殊风格。汉藏语系以外的语言一般没有声调的分别。

（二）词汇方面

（1）语素以单音节为基本形式。

语素是音义结合（语音与语义）的最小单位。汉语的单音节语素多，所以由其构成的单音节词和双音节词也较多，词形较短。

（2）广泛运用词根复合法构成新词。

汉语中的单音节语素几乎都可以充当词根语素，词缀语素少，而且造词能力弱。所以汉语中广泛地运用词根复合法构成新词。

（3）双音节词占优势。

汉语词汇在发展的过程中逐渐趋向双音节化。有的单音节词被双音节词代替，有的多音节短语也被缩减为双音节词，新创造的词也以双音节居多。

（三）语法方面

汉语缺乏形态，也就是表示语法意义的词形变化。与英语等语言相比，汉语呈现出一系列分析型语言的特点。

（1）语序和虚词是表达语法意义的主要手段。

（2）词、短语和句子的结构原则基本一致。

（3）词类和句法成分不是简单的对应关系。

（4）量词和语气词十分丰富。

第二节　学习普通话

一、国家大力推广普通话的意义

1982年修订的《中华人民共和国宪法》规定："国家推广全国通用的普通话。"第一次在根本大法中明确了普通话的通用语言地位。1986年，国家把推广普通话列为新时期语言文字工作的首要任务，1992年将推广普通话工作方针调整为"大力推行，积极普及，逐步提高"。自1998年开始，将每年9月的第三周确立为全国推广普通话宣传周。2001年，我国第一部语言文字专门法律《中华人民共和国国家通用语言文字法》开始实施，该法第二条规定："国家通用语言文字是普通话和规范汉字。"第三条规定："国家推广普通话，推行规范汉字。"第十九条则对一些特殊行业人群提出明确要求："凡以普通话作为工作语言的岗位，其工作人员应当具备说普通话的能力。以普通话作为工作语言的播音员、节目主持人和影视话剧演员、教师、国家机关工作人员的普通话水平，应当分别达到国家规定的等级标准。"

大力推广普通话是我国长期坚持的一项语言政策，对于社会的经济、政治和文化建设都有重要的意义。

（1）推广普通话是商品经济发展的需要。

随着社会主义市场经济的发展，生产资料、产品要进行跨地区交流，人员要频繁交往。保证各种交流畅通无阻和整个社会高效协调运转的基本条件之一，就是推广国家通用的语言

文字。我国是多民族国家，且各地方言差异极大，如果没有规范化、标准化程度较高的信息交流载体，经济建设将寸步难行。

（2）推广普通话是文化建设发展的迫切需要。

语言文字是文化的载体，推广普通话有利于继承和弘扬中华民族的优秀传统文化，促进全社会的精神文明建设，有利于增进各民族各地区的交流，有利于维护国家的统一，增强中华民族的凝聚力。

（3）推广普通话是科技发展的迫切需要。

当今社会，科学技术飞速发展，无论是科普教育，还是声音传输技术，乃至现代化计算机语音识别技术，都要求有一种通用的语言作为标准，方言显然不能胜任该要求，普通话就成为科技发展中不可或缺的一种手段和方法。

（4）推广普通话是提升汉语国际地位的需要。

伴随着改革开放，我国的国际交流日益增多，政治、经济、文化、体育、科技、教育、旅游、慈善等领域都有许许多多的国际交流和合作，普通话也成为联合国六大工作语言之一。面对世界各国，汉语必须以一个统一、完整、标准、科学的形象出现，这也是各种方言所不能胜任的，只有普通话才能树立我们民族的语言形象，提升汉语的国际地位，让中国人的声音在世界范围内更加响亮。

二、国家推广普通话的措施

（1）全国使用汉语授课的各级学校必须以普通话为教学语言。

（2）全国各级机关团体、企事业单位必须以普通话作为工作语言。

（3）全国使用汉语播放的县级以上广播电台、电视台必须以普通话为宣传语言。

（4）国内不同方言区、不同民族的人员交往时，以普通话为通用语言。

（5）国家实施普通话水平测试。

三、推广普通话与保护方言并不矛盾

（1）推广普通话是为了各民族各地域间更好的交流，而不是消灭方言。

（2）在一定的地域范围内，方言在人民群众的生活中仍然有不可替代的作用。

（3）方言是很多民族文化的载体，这些瑰宝需要方言来传承。比如戏曲、民歌、曲艺都依靠方言才能表演。

四、学前教育专业学生为什么要学习普通话

（一）学习普通话是学前教育专业学生获取从业资格的硬性要求

《国家通用语言文字法》《〈教师资格条例〉实施办法》等法律法规、政策文件规定，申请认定幼儿园教师资格证，需持有普通话水平测试二级乙等及以上等级的证书（部分省份已

要求达到二级甲等）；申请认定小学教师资格证（语文学科），需持有普通话水平测试二级甲等及以上等级的证书；申请认定小学教师资格证（其他学科），需持有普通话水平测试二级乙等及以上等级的证书。

（二）学习普通话是幼儿教师完成实际工作的需求

0~6岁是每个人一生中语言发展最敏感的时期，这一时期的语言学习，不仅是日常生活语言使用能力的基础，也是未来进一步进行文学和职业用语学习的重要基础。普通话口语表达水平对未来人生尤其是职业生涯的重要性，已经被越来越多的家长所重视，但往往很多家庭并不具备对幼儿进行普通话启蒙教育的良好条件。幼儿园是每一个孩子离开家庭、接受国民教育的起点，语言也是幼儿园教育五大领域的重要组成部分，这一时期的孩子对教师的信任和模仿程度极高，幼儿教师对孩子们的普通话示范作用明显且重要。因此，家长对幼儿教师的普通话口语表达能力和教学水平也越来越重视，必然地，幼儿园在人才招聘的过程中也就越来越看中应聘者的普通话口语表达能力。

（三）学习普通话是每个学生未来发展的需求

每位同学毕业后都还有漫长的人生和丰富多彩的职业生涯要度过，会在不同的岗位，甚至不同的行业工作和发展。在现代社会中，无论是哪个行业，也无论是什么样的岗位，都少不了与人交流，普通话口语表达能力已经成为通识技能，是职业能力中软实力的重要组成部分。因此，学好普通话也是为了给未来一生的职业生涯奠定基础。

五、普通话学什么

（1）对普通话的科学认知。
（2）普通话的发声技巧。
（3）基本的语言表达技巧。
（4）常见的口语表达模式。

六、普通话应该怎么学

（一）学好基础知识

普通话也是一门学问，并非照猫画虎、鹦鹉学舌就可以学好，没有科学的方法，就谈不上有效的练习和水平的提升。掌握普通话相关的基础理论知识，将学习、练习、纠错、提升的方法和途径烂熟于心，才能在实践过程中学好这门技能，最终提升自己的普通话表达能力。在学习基础知识的过程中，要学会听、学会记，听条理，听逻辑，听重点，并在听的过程中做好笔记。

（二）从愿张口、敢张口、勤张口到准确地张口

很多同学在学习的过程中只愿意听老师讲解、听老师示范、看别的同学练习、完成书面

作业、温习课本上的知识，就是不愿意张口练习。不愿意开口说话的人永远谈不上表达能力。没有足够的开口量也根本谈不上在正确的时候以正确的方式张口，只有能够在正确的时候以正确的方式张口说正确的内容，才能达到"沉默是金，开口也是金"的效果。因此，我们要克服自己不愿意张口的懒惰心理和不敢张口的畏难情绪，积极主动地多张口练习，最终达到能够准确地张口表达的水平。

（三）张口前先思考

所有的口语表达都源于对内容的思考，也就是我们常说的"腹稿"。能够出口成章的人其实是有扎实的腹稿作为基础。

（四）从有稿向无稿过渡

稿件、提纲是初学者必备的辅助工具，但不可以过于依赖。我们在学习和练习的过程中，要科学、合理地使用稿件和提纲，积极培养自己的即兴表达能力。

（五）持之以恒地积累

从观察生活开始，勤于思考、博览群书、多听多记，海纳百川、积少成多地积累自己的表达素材。

拓展阅读

（1）你了解我国的方言吗？扫码看看和我国七大方言区相关的小知识吧。

（2）普通话课程隶属于语言学科，你知道高职院校语言学科还有哪些课程吗？扫码了解一下吧。根据自己未来职业规划的需求和兴趣选修一些相关课程，让知识体系更加丰富和完善。

（3）你知道和学前教育专业相关的涉及普通话的法律法规、文件政策有哪些吗？快扫码看看吧。

| 我国七大方言区介绍 | 高职院校语言学科相关课程介绍 | 中华人民共和国国家通用语言文字法 | 《幼儿园教育指导纲要（试行）》 | 《3~6岁儿童学习与发展指南》 | 《教师资格条例》 |

课后作业

（1）在生活中找找口语、书面语、文学语言的具体例子，讨论它们各自有什么特点、优点或不足，以及如果交换表现形式会有什么结果。

（2）在你熟悉的范围内，梳理一下家乡方言的常用语、家乡的民歌和儿歌等，看看如果换成普通话是什么样的，会有什么差异。

（3）根据自身实际情况，制订一个普通话学习计划。

第二章

普通话语音

章前故事

小王是学前教育专业的一名新生。在家乡就读中小学期间，虽然家庭日常以方言交流为主，但学校要求师生们讲普通话，而且小王热爱朗读、主持、小品、相声等语言艺术，经常参加学校的各种文艺表演活动，她认为自己的普通话挺标准的。

大学入学后，老师告诉小王，她的语言基础是比不少同学要好一些，但是单就普通话语音来说，想要达到二级甲等，顺利获取幼儿教师资格证，还是有一些问题需要纠正的；如果想进一步达到一级乙等，让自己的普通话发音能力满足更多的语言使用情境，发挥更好的交流作用和表现力，能够将语言艺术作为个人特长，那还需要下一番苦功夫。

小王瞬间觉得迷茫了，自己的普通话语音到底哪里有问题？为什么自己一点都没有发现呢？就算自己想要下功夫练习，也无从下手。

【提示】

普通话虽然是我们每天生活中最平凡不过的日常交际工具，但同时也是一门学问，跟其他学科一样，具有其自身的科学性、规律性，有着严谨的要求和严格的标准。作为专门学习普通话的学生，我们的普通话发音不仅要准确、清晰，更要尽可能圆润、悦耳。

想要学好普通话，不能仅靠从小到大鹦鹉学舌式的原生态模仿，而是要掌握一套相对完整的基础理论知识，当具备了这些知识才能分辨各种语音间的对与错、优与劣，然后再运用科学的方法和标准练习，不断进行自我纠正，从而循序渐进地提高自己的普通话水平。

知识导图

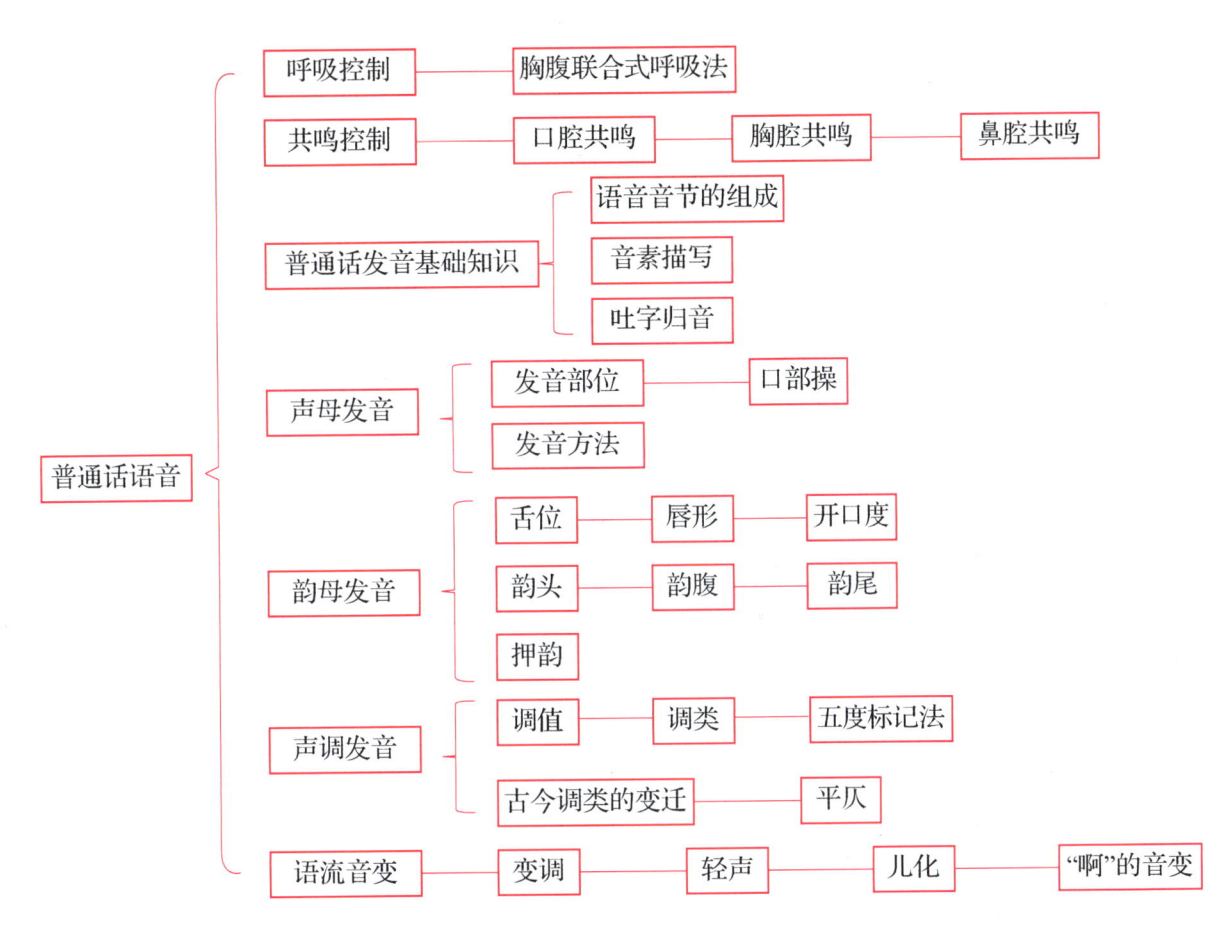

```
                    ┌─ 呼吸控制 ─── 胸腹联合式呼吸法
                    │
                    ├─ 共鸣控制 ─── 口腔共鸣 ─── 胸腔共鸣 ─── 鼻腔共鸣
                    │
                    │                    ┌─ 语音音节的组成
                    ├─ 普通话发音基础知识 ─┼─ 音素描写
                    │                    └─ 吐字归音
                    │
                    │            ┌─ 发音部位 ─── 口部操
                    ├─ 声母发音 ─┤
                    │            └─ 发音方法
   普通话语音 ──────┤
                    │            ┌─ 舌位 ─── 唇形 ─── 开口度
                    ├─ 韵母发音 ─┼─ 韵头 ─── 韵腹 ─── 韵尾
                    │            └─ 押韵
                    │
                    │            ┌─ 调值 ─── 调类 ─── 五度标记法
                    ├─ 声调发音 ─┤
                    │            └─ 古今调类的变迁 ─── 平仄
                    │
                    └─ 语流音变 ─── 变调 ─── 轻声 ─── 儿化 ─── "啊"的音变
```

学习目标

知识目标

(1) 了解呼吸控制的方法和共鸣控制的方法。

(2) 了解语音音节的各种组成单位；了解吐字归音的三个过程。

(3) 了解普通话声母、韵母、声调的发音方法和技巧。

能力目标

(1) 掌握胸腹联合式呼吸法，掌握打开口腔的方法，实现口腔共鸣。

(2) 能够使用音素描写的方法对音节结构进行正确的分析。

(3) 能够正确进行声母、韵母、声调发音，纠正原有的发音问题。

素质目标

(1) 通过呼吸控制和声母、韵母、声调发音的长期练习，培养坚持不懈、水滴石穿的恒心和耐心。

(2) 通过发音练习前的准备工作，培养科学、严谨、踏实的精神品质。

(3) 通过押韵、四声、语流音变等，感受和体验中国韵文独特的音声美，树立民族语言自豪感和自信心。

第一节 呼吸控制与共鸣控制

一、呼吸控制

呼吸控制也叫气息吐纳，贯穿整个发音环节，可以说，没有气息就没有发音。气息吐纳包含"吐"和"纳"两部分，也就是"呼气"和"吸气"，普通话都是在呼气的过程中发音，部分方言中则有少量在吸气时发音的现象。虽然一般只在呼气的时候发音，但如果没有正确的吸气过程做保障，发音的时候就会无气可呼，所以吸气的过程同样重要。训练呼吸控制的目的是让自己具备良好的呼吸能力，什么时候吸、什么时候呼、吸多少、呼多少、力度大小、气息量大小，都能够根据发音的需要自由控制。不同的表达形式和表达内容对语音的高、低、强、弱、长、短有不同的需求，气息是实现这些语音效果最重要的手段。

常见的呼吸方式有三种。第一种是胸式呼吸法，主要通过提起胸部肋骨来吸进气息，吸进的气流充塞于上胸部。这种呼吸方式吸气量小，难以控制，容易使喉头负担过重，声带易疲劳，发出的声音往往虚而不实、没有底气、呆板、不自然。第二种是腹式呼吸法，主要通过降低横膈膜来吸进气流。这种呼吸方式吸气量少，气流也较弱，发出的声音通常缺乏力量及持久性。第三种是胸腹联合式呼吸法，主要通过胸部两肋和横膈膜的共同运动来实现发声。这种呼吸方式使胸腔和腹腔的容积扩大，吸气量增大，呼出的气流强而有力，发出的声音铿锵有力、圆润清晰。这种呼吸方式较前两种具有明显优势，经过训练，可以达到良好的发音效果。

二、胸腹联合式呼吸法

胸腹联合式呼吸法的基本要求是"深、匀、通、活"。

（一）身体姿态

练习胸腹联合式呼吸法时，应先采取站姿，在站姿状态下掌握后，再进行坐姿状态的练习。站姿状态下，应姿态端正，重心稳定，目视前方，下巴微收，两肩放松，直背收臀。坐姿状态下，应坐于椅面的前半部分，其余要求与站姿保持一致。

（二）吸气方法

吸气前，先将体内气体全部呼出。初学时，自己觉得体内气体已经全部呼出时，往往还没有全部呼出，此时可以用力收缩小腹，使体内气体真正全部呼出。这样做是为了使初学者对正确的吸气方式感觉更明显，掌握正确的胸腹联合式呼吸法后，则不需要再进行二次呼出。

吸气时，口腔和鼻腔同时自然打开，先让大气压自然将空气压入体内，感受气流的走向和深度。然后尝试小腹用力，吸入更多的气息。整个过程切忌昂头、耸肩、绷胸，吸气过程中小腹应由内向外扩张。

此外，在吸气的过程中，核心要求是"深"，也就是吸到肺底。通过反复练习，最终达到增大气息量的目的。

（三）呼气方法

呼气的核心要求是"匀"。呼气时，小腹要始终保持半紧绷状态。随着气流的呼出，小腹向内收。呼出的气流要均匀、平稳，小腹的回收动作也要均匀、平稳。

（四）呼吸连贯

基本掌握正确的吸气方法和呼气方法后，就要开始尝试将吸气和呼气连接起来。在整个过程中，身体姿态要稳定，小腹要始终保持半紧绷状态，吸气前不再二次呼出，吸气和呼气的过程要连贯、平稳，形成一个流畅、完整的气息吐纳循环，这就是"通"的核心要求。

（五）气息运用

气息吐纳的练习最终要运用到发音实践中才有意义，可以配合一定的朗读材料进行训练。在这一阶段，不对发音的标准性作要求，重点考量气息对发音的支撑作用，比如是否均匀、是否平稳、是否连贯，气息量的供给与发音的高低、长短、强弱是否匹配。也就是说，气息在发音实践中要能够根据需要自由运用，需要多少给多少，这就是"活"的核心要求。

请同学们结合教材下编中呼吸控制的训练任务进行练习。

三、共鸣控制

人体与声音有关的器官主要分为两类，一类是发声器官。一类是共鸣器官，发声器官就是声带，共鸣器官则有胸腔、喉腔、口腔、鼻腔、头腔等。发声器官是以实体的形态存在的，而共鸣器官都是以空间体的形态存在的，主要差别是空间的形态和大小。声带所产生的音量很小，只占总音量的5%左右，其余95%左右的音量需要通过共鸣来放大。共鸣器官不仅可以放大音量、提高发声效率，还可以改变音色、改善声音质量。

普通话发音过程中常用的共鸣器官主要有胸腔，口腔和鼻腔。通过改变共鸣腔的大小和形状，可以实现对声音的调节。虽然绝大部分人没有自觉，但实际上我们能发出不同的音节，就是通过共鸣实现了对声音的改变。关于通过调节共鸣腔实现对语音正确性的修正，我们在后面声、韵、调的相关章节中会学习，这里主要练习通过共鸣实现对音量的把控和对声音质感的改善。胸腔共鸣能使声音响亮、厚重；口腔共鸣能使声音沉稳、圆润；鼻腔共鸣能使声

音明亮、高亢。一般情况下，我们采取口腔共鸣为主，胸腔、鼻腔共鸣为辅的方式。

四、口腔共鸣

口腔共鸣的重点在于打开口腔，增加口腔腔体的大小。自然状态下，我们的口腔腔体处于扁平状态，为了更好地实现口腔共鸣，要把口腔调整到倾向于圆形的、更立体的状态。可以采取咬苹果或半打哈欠的方法来练习，达到"开牙关、松舌根、松下巴、升软腭、提颧肌"的状态。在这种状态下尝试说话，再尝试将唇齿部位慢慢收回，最终达到口腔内部腔体适当增大且发音正确、清晰的状态。

请同学们结合教材下编中口腔控制的训练任务进行练习。

拓展阅读

关于中学生物课里人体呼吸和发音器官的知识你还记得吗？我们的发音活动和身体结构是息息相关的。中学物理课程里学习过的声音的相关知识你还记得吗？我们发出的语音也具备一般声音的性质和特点，只是比自然界的声音多了一重社会属性。扫码回忆一下这些知识吧，让我们更好地保护自己的发音器官，更科学地利用声音的属性，使我们的语音具有更丰富的表现力。

课后作业

气息吐纳的训练需要坚持每天做，单纯的气息吐纳固然枯燥乏味，但是如果和很多有趣的练习材料结合在一起，就会变得快乐多了。扫码看看我们为大家准备的练习材料吧，有相声贯口名段《报菜名》《同仁堂》《地理图》，有赵树理代表作《李有才板话》节选，还有春节联欢晚会小品《机场姐妹花》中的贯口片段。练习气息吐纳之余，想想这些作品的内容都告诉了我们什么。其实这样的作品还有很多，请同学们找一找，列出目录，并把喜欢的作品推荐给老师和同学们吧。

语音的属性　　气息吐纳训练用绕口令　　气息训练用贯口段子

第二节　普通话语音基础知识

在日常生活中，我们对普通话语音基本上是以一个字或一个词为单位来进行听辨的。同

样的，无论是在咿呀学语时，还是在长大后的日常口语交流中，一般情况下，我们也会觉得自己是以字或词为单位来进行发音的。而实际上，无论是字还是词，在发音时都是由一个一个音节构成的，而音节本身又由更小的语音单位构成，我们在练习和纠音的过程中，必须要具体到这些更小的语音单位上，才能够保证发音准确。因此，在进行普通话发音训练之前，首先要了解这些基础知识。

一、音节的组成

（一）音素

音素是构成音节的最小单位，也是最小的语音片段。它是从音色的角度划分出来的，而音色既是从听觉的角度去划分的，也是从发音状态的角度去划分的。理论上来讲，凡是我们能够发出来的不同音色的最小语音片段，都有成为音素的资格，但是每种语言中的共同语和方言所用来构成音节的最小语音片段是有限的，所以音素也是有限的，并不是每个最小语音片段都是音素。音素的概念在各种语言中都适用。

音素分为两大类，即元音和辅音。

（二）元音与辅音

元音是指气流振动声带，在口腔和咽头不受阻碍而形成的音。

辅音是指气流在口腔或咽头受阻碍而形成的音。

元音和辅音的区别主要有四点：第一，发辅音时，气流一般要受到某部位的阻碍；发元音时，气流不受阻碍。这是元音和辅音最主要的区别。第二，发辅音时，发音器官成阻的部位特别紧张；发元音时，发音器官各部分保持均衡的紧张状态。第三，发辅音时气流较强，发元音时气流较弱。第四，发辅音时声带不一定震动，声音一般不响亮；发元音时，声带震动，声音比辅音响亮。

元音和辅音的概念是进行语音训练所需的最基础的知识点，很多发音练习都是结合音素来进行的。

（三）音节

音节是语音结构的基本单位，也是自然感到的最小的语音片段。音节的概念在各种语言中也都适用。在普通话里，一般来说，一个汉字对应一个音节（儿化音是用两个汉字来表示一个音节的）。

（四）声母、韵母、声调

一般情况下，我们习惯把普通话音节划分成声母、韵母、声调三个部分来认知。

声母指音节开头的辅音。

韵母指音节中声母后面的部分。

声调指具有区别意义作用的音高的高低升降的曲折形式。

（五）零声母音节

在汉语中，有一部分音节没有声母，只由韵母和声调构成，这种音节叫作零声母音节。

在《汉语拼音方案》里，y和w不是声母，只在零声母音节中起隔音作用。

（1）i和u开头的韵母，如果在i和u之后还有别的元音，直接将i改成y、u改成w。

（2）i和u开头的韵母，如果在i和u之后没有别的元音，则在i之前加上y、在u之前加上w。

（3）ü开头的韵母，无论后面有没有别的元音，都要在ü之前加上y，同时ü上的两点要省略。

（六）ü上的两点

（1）ü与n、l拼合时，两点不能省略。

（2）ü与n、l以外的声母拼合时或者ü开头的零声母音节中，两点都要省略。

（七）韵母按照发音过程可以分为：韵头、韵腹、韵尾三个部分

（1）韵头是指韵母开头在主要元音之前的高元音，只有i、u、ü可以作韵头。

（2）韵腹是指韵母中开口度最大、响亮度最高、清晰度最高的元音，也叫主要元音。

（3）韵尾是指韵母中主要元音之后的元音或者辅音，只有i、u、n、ng可以作韵尾。

关于韵头、韵腹、韵尾要注意以下几点：

（1）每个韵母都一定有韵腹，但并不是每个韵母都有韵头和韵尾。

（2）韵头、韵腹、韵尾这三部分在一个韵母中所占的比重并不是平均的，韵母以韵腹为主，韵头只表示韵母发音的起点位置，韵尾只表示韵母的发音结束趋向。

二、音素描写

音素描写也叫音节分析，是指以音素为单位对音节的组成进行分析的方法。通过音素描写可以知道音节是由哪些音素构成的，进而结合音素判断发音的错误出在哪里，有助于进行有针对性的练习和纠正。音素描写是对上述语音基础知识的综合运用，也是普通话语音训练的基础准备工作。

音节	分析	声母	韵母				声调
			韵头 （介音）	韵身			
				韵腹 （主要元音）	韵尾		
					（元音）	（辅音）	
云							

续表

分析\音节	声母	韵母				声调
		韵头（介音）	韵身			
			韵腹（主要元音）	韵尾		
				（元音）	（辅音）	
想						
衣						
裳						
花						
想						
容						

请同学们按照以上表格进行音素描写书面训练，然后互相比较一下，看看哪些地方描写得不同，分析一下错在哪里。

三、吐字归音

在实际发音过程中，声母和韵头合称为字头部分，字头部分的发音称为出字；主要元音部分的发音称为立字；韵尾部分的发音称为归音。各部分的发音有不同的要求，达到这些要求才能做到字正腔圆、动听悦耳。

（一）出字有力，叼住弹出

叼住弹出，部位准确；气息饱满，结实有力；短暂敏捷，干净利落；定型标准，准确自然。

（二）立字饱满，拉开立起

拉开立起，气息均匀；音长音响，圆润饱满；窄韵宽发，宽韵窄发；前音后发，后音前发；圆唇扁发，扁唇圆发。

（三）尾音轻短，趋势鲜明

尾音轻短，完整自如；避免生硬，突然收住；归音到位，送气到家；干净利落，趋向鲜明。

（四）枣核型

总的来说，出字、立字、归音是吐字归音的三个阶段，它们是不可分割的整体，任何一部分运用得不恰当，都会影响整个字音的清楚、圆润、响亮。发音的过程是从字头通过字腹滑向字尾，虽然说的是滑动，但是每个部分都必须交代清楚。形象地描绘一个字音的发音过程的话，就像枣核的形状一样，两头尖、中间大，字头和字尾占据了枣核的两端，而中间的突出部分就是字腹的饱满形态。吐字归音和其他发音技巧一样,都是为表达思想感情服务的,在形成语流的过程当中,应该服从声音的感情色彩,服从语流的舒展、流畅。

拓展阅读

(1) 你完整地阅读过《汉语拼音方案》吗?如果没有的话,扫码阅读一下吧。

(2) 在之前的认知里,你是不是觉得每一个声母都可以和所有韵母拼合呢?有没有不能相互拼合的声韵母呢?扫码阅读一下《汉语拼音声韵拼合表》吧,能够帮助你辨识不少方言音呢。

(3) 从小到大,我们熟悉和习惯了用汉语拼音给汉字注音,你知道还有别的可以给汉字注音的方法吗?有兴趣的话,扫码了解一下国际音标和注音符号吧。

课后作业

练习的过程中,是不是发现音素描写并不那么简单,还是有同学会出错?这些错误会影响到后面的声韵调发声训练。自己再多找一些素材,加强音素描写的练习吧。

汉语拼音方案　　汉语拼音声韵拼合表　　"注音符号"和"国际音标"简介

第三节　声母发音训练

普通话一共有 21 个辅音声母。不同声母是由发音部位和发音方法的不同决定的。

声母有本音和呼读音两种发音上的区别。本音是指声母本身的发音,呼读音是为了便于指称声母,搭配一个韵母后形成的音节。我们研究、学习的都是声母的本音。

普通话 21 个辅音声母及其发音情况如下表:

发音方法			发音部位										
			唇音			舌尖前音		舌尖中音		舌尖后音		舌面音	舌根音
			双唇音		唇齿音								
			上唇	下唇	上齿	下唇	舌尖	齿背	舌尖	上齿龈	舌尖	硬腭前	舌面	硬腭前	舌面后	软腭
塞音	清音	不送气音	b						d					g
		送气音	p						t					k

续表

发音方法			发音部位										
			唇音				舌尖前音		舌尖中音	舌尖后音		舌面音	舌根音
			双唇音		唇齿音								
			上唇	下唇	上齿	下唇	舌尖	齿背	舌尖	上齿龈	舌尖	硬腭前	舌面前	硬腭前	舌面后	软腭

发音方法			双唇	唇齿	舌尖/齿背	舌尖中	舌尖/上齿龈	舌尖后	舌面前/硬腭前	舌面后/软腭
塞擦音	清音	不送气音			z			zh	j	
		送气音			c			ch	q	
擦音	清音			f	s			sh	x	h
	浊音							r		
鼻音	浊音		m			n				
边音	浊音						l			

一、声母的发音部位

发音时,气流受到阻碍的位置叫作发音部位。按照发音部位,普通话声母可以分为七类。

(1) 双唇音(b、p、m):由上唇和下唇阻塞气流而形成。

(2) 唇齿音(f):由上齿和下唇接近阻碍气流而形成。

(3) 舌尖前音(z、c、s):由舌尖抵住或接近齿背阻碍气流而形成。

(4) 舌尖中音(d、t、n、l):由舌尖抵住上齿龈阻碍气流而形成。

(5) 舌尖后音(zh、ch、sh、r):由舌尖抵住或接近硬腭前部阻碍气流而形成。

(6) 舌面音(j、q、x):由舌面前部抵住或接近硬腭前部阻碍气流而形成。

(7) 舌根音(g、k、h):由舌面后部抵住或者接近软腭阻碍气流而形成。又叫作"舌面后音"。

二、声母的发音方法

声母的发音方法是指发音时喉头、口腔和鼻腔控制气流的方式和状况。可以从阻碍的方式、声带是否颤动、气流的强弱三个方面来观察。

(一) 看阻碍的方式

根据形成和解除阻碍的不同方式,可以把普通话声母分为五类,每一类都包括成阻(阻碍形成)、持阻(阻碍持续)、除阻(阻碍解除)三个阶段,在塞音中最为明显。

(1) 塞音(b、p、d、t、g、k):发音时,发音部位形成闭塞,软腭上升,堵塞鼻腔通路,气流冲破阻碍崩裂而出,爆发成声。

（2）擦音（f、h、x、sh、r、s）：发音时，发音部位接近，留下窄缝，软腭上升，堵塞鼻腔通路，气流从窄缝中挤出，摩擦成声。

（3）塞擦音（j、q、zh、ch、z、c）：发音时，发音部位先形成闭塞，软腭上升，堵塞鼻腔通路，然后气流把阻塞部位冲开一条窄缝，从窄缝中挤出，摩擦成声。

（4）鼻音（m、n）：发音时，口腔中的发音部位完全闭塞，软腭下降，打开鼻腔通路，气流震动声带，从鼻腔通过发音。

（5）边音（l）：发音时，舌尖与上齿龈接触，舌头的两边留有空隙，同时软腭上升，阻塞鼻腔通路，气流震动声带，从舌头的两边或一边通过。

（二）看声带是否颤动

（1）清音：声带不颤动的音。

（2）浊音：声带颤动的音。

只有m、n、l、r四个声母是浊音，其余17个声母均为清音。

（三）看气流的强弱

（1）送气音（p、t、k、q、ch、c）：口腔呼出气流比较强的。

（2）不送气音（b、d、g、j、zh、z）：口腔呼出气流比较弱的。

一般情况下，我们按照发音部位、气流强弱、声带是否震动、发音方法的顺序来描述一个声母，比如"b"为"双唇、不送气、清、塞音"。请同学们结合下编中声母发音训练的任务，根据上述知识点，自行总结所有声母的标准发音要领，然后进行相应的朗读训练。

三、声母发音中常见的问题

无论是声母、韵母还是声调，每个人在发音实践中存在的问题都不完全一样，但仍有一些比较普遍的问题。

（一）常见问题

（1）b、p、m：双唇音最常见的问题是双唇力度不够，导致字音的清晰度下降。

（2）d、t、n、l：舌尖中音最常见的问题是舌头弹动的力度不够，导致字音柔软、松散。

（3）f：现代汉语里只有这一个唇齿音，其余的唇齿音都是错误的。

（4）g、k、h：舌根音最常见的问题是舌位过于靠前，会导致气息外泄，成阻不足；发音位置过于靠后，会导致喉音过重；比较适宜的位置是软硬腭交界处。

（5）j、q、x：舌面音最常见的问题是团音变尖音，即在j、q、x与i、ü拼合的时候发成z、c、s。普通话中没有尖音，只有团音。

（6）z、c、s与zh、ch、sh：前三个为舌尖前音（平舌音），后三个为舌尖后音（翘舌音），最常见的问题是受方言影响，分不清平翘舌。

（二）解决方法

（1）口部操。

对于双唇和舌头力度不够的问题，可以通过口部操来锻炼，从而达到提升唇舌控制力、提高发音能力的目的。

①唇部练习：喷、咧、撇、绕。

②舌部练习：伸、刮、弹、顶、转、立、卷。

口部操的练习方法相当简单，但贵在坚持，也难在坚持。上述的11种练习可以交替进行，以唇舌有一定的酸、麻为度。在练习口部操之余，还可以配合一些双唇音和弹舌音的朗读材料，一方面缓解口部操的枯燥乏味，一方面检查口部操的练习效果。

（2）唇齿音的问题就比较简单了，只要牢记只有 f 是唇齿音、才能有上齿和下唇成阻的动作，其余音节出现上齿咬下唇的动作均为错误，如最常见的"闻"。

（3）舌根音的问题，同学们可以结合范读，尝试在发音过程中将舌头的位置逐渐后撤，在老师的帮助下，和范读音比较，找到最合适的舌位，完成合理的成阻即可。

（4）尖音的问题，主要是发音部位的问题。舌面音是由舌面前部与硬腭形成阻碍发音的，而有些人发音时，舌尖过于用力，与齿背发生摩擦，产生了尖音。发音时舌尖应避免碰上齿，着力点后移，使舌面前部和硬腭前部摩擦成声。

（5）平翘舌的问题，主要也是发音部位的问题。大多数人都能够单独发出平舌音和翘舌音音节，主要问题是受方言影响，分不清什么时候该读平舌音、什么时候该读翘舌音。解决这个问题主要靠记忆，在日常朗读练习中，可以结合词典的音序表进行练习，加强对于平翘舌音对应字词的记忆。

请同学们结合教材下编中声母发音训练的任务，坚持完成口部操的日常练习。在发音朗读训练中，先全面练习，找出自己发音存在问题的声母，再着重练习。

拓展阅读

（1）我们为同学们准备了大量的绕口令作为声母发音练习材料，请大家扫码查阅。

（2）你是否存在声母的系统性语音缺陷呢？请扫码查阅声母辨音训练吧。

声母发音训练　　声母辨音训练

课后作业

请坚持每日进行声母发音训练。

第四节　韵母发音训练

一、韵母的分类

普通话有39个韵母。韵母总数虽然多于声母，但是从音素的角度看，构成韵母的音素反而比声母还要少，一共12个，包括元音和鼻辅音（a、o、e、ê、i、u、ü、-i（前）、-i（后）、er、n、ng）。

（一）按音素结构分

韵母按音素结构可以分为：单元音韵母、复元音韵母、带鼻音韵母。

（二）按开头元音的发音口形分

韵母按开头元音的发音口形可以分为：开口呼、齐齿呼、合口呼和撮口呼，合称"四呼"。

（1）韵母不是i、u、ü和不以i、u、ü开头的韵母属于开口呼。一般情况下，歌曲中，高音谱在开口呼音节的歌词上较好；朗诵中，高音和重音使用开口呼音节的字词较好。

（2）舌面i和以舌面i开头的韵母属于齐齿呼。

（3）u和以u开头的韵母属于合口呼。

（4）ü和以ü开头的韵母属于撮口呼。

（三）按韵尾分

韵母按韵尾可以分为：无韵尾韵母、元音韵尾韵母、鼻音韵尾韵母。

韵母	按音素结构分	按口型分				按韵尾分
		开口呼	齐齿呼	合口呼	撮口呼	
单韵母	单元音韵母	-i（前）（后）	i	u	ü	无韵尾韵母
		a	ia	ua		
		o		uo		
		e				
		ê	ie		üe	
		er				

续表

韵母	按音素结构分	按口型分				按韵尾分
		开口呼	齐齿呼	合口呼	撮口呼	
复合韵母	复元音韵母	ai		uai		元音韵尾韵母
		ei		uei		
		ao	iao			
		ou	iou			
	带鼻音韵母	an	ian	uan	üan	鼻音韵尾韵母
		en	in	uen	ün	
		ang	iang	uang		
		eng	ing	ueng		
				ong	iong	

（四）改写和省写

《汉语拼音方案》对一部分复韵母进行了改写和省写的规定，在平时书写音节时，使用改写或省写后的形态，在做音素描写时要使用其原本形态。

（1）《汉语拼音方案》规定，用 ong 替代 ung，用 iong 替代 üng，这是为了使字形清晰，避免手写体 u 和 a 混淆。所以 ong 的实际读音是 ung，iong 的实际读音是 üng，分别属于合口呼和撮口呼。

（2）《汉语拼音方案》规定，用 ao 替代 au，用 iao 替代 iau，这也是为了使字形清晰，避免手写体 u 和 n 混淆。

（3）《汉语拼音方案》规定，iou、uei、uen 在音节中省写主要元音，分别写作 iu、ui、un，因为这三个韵母在和声母相拼之后，主要元音有时会变得不明显，省写既能反映语音的实际情况，又能使拼写形式简短。

二、单元音韵母

由单元音构成，发音时舌位、唇形及开口度始终不变的韵母叫单元音韵母，简称单韵母。单韵母一共有 10 个，其中 7 个属于舌面元音单韵母，2 个属于舌尖元音单韵母，一个属于卷舌元音单韵母，后两种合称特殊元音韵母。

单韵母是韵母的核心，也是构成复韵母的主要基础。不同的单韵母主要是受舌位高低、舌位前后和唇形圆展影响而形成的。舌位是指发音时舌头较高部位的位置，从舌位上来看，单韵母主要是舌面音，共 7 个，舌尖音较少，共 3 个。

舌位的高低和开口度的大小密切相关。舌位越高，开口度越小；舌位越低，开口度越大。

根据舌位的高低，元音可以分为：高元音、半高元音、半低元音、低元音。

根据舌位的前后，元音可以分为：前元音、央元音、后元音。

根据唇形的圆展，元音可以分为：圆唇音和不圆唇音（展唇音）。

（一）舌面元音单韵母

a：舌面、央、低、不圆唇元音。

o：舌面、后、半高、圆唇元音。

e：舌面、后、半高、不圆唇元音（单韵母和鼻韵母中的 e）。

ê：舌面、前、半低、不圆唇元音（复韵母中的 e）。

i：舌面、前、高、不圆唇元音。

u：舌面、后、高、圆唇元音。

ü：舌面、前、高、圆唇元音。

（二）舌尖元音单韵母（特殊韵母）

舌尖前-i：舌尖前、高、不圆唇元音。发音时，舌尖前伸接近上齿背，气流通路虽然狭窄，但气流通过时不发生摩擦，唇形不圆。舌尖前-i 只与舌尖前音声母 z、c、s 相拼。

舌尖后-i：舌尖后、高、不圆唇元音。发音时，舌尖上翘接近硬腭前部，气流通路虽然狭窄，但气流通过时不发生摩擦，唇形不圆。舌尖后-i 只与舌尖后音声母 zh、ch、sh、r 相拼。

er：卷舌、央、中、不圆唇元音。发音时，口形略开，舌位居中，舌头稍后缩，唇形不圆，发音的同时舌尖向硬腭卷起。

三、复元音韵母

复元音韵母由复元音构成，复元音指的是发音时舌位、唇形都有变化的元音，共 13 个，其中二合元音 9 个（ai、ei、ao、ou、ia、ie、ua、uo、üe），三合元音 4 个（iao、iou、uai、uei）。

复元音的发音是由前一个元音的发音状况快速滑向另一个元音的发音状况。韵头和韵尾只表示起始状态和结束趋势，以主要元音为主体。韵头只有 i、u、ü 三个高元音，韵尾只有 i、u（o）两个高元音。主要元音在前的二合元音称为前响复元音韵母；主要元音在后的二合元音称为后响复元音韵母；三合元音称为中响复元音韵母。

四、带鼻音韵母

普通话共有 16 个带鼻音韵母，又叫鼻音尾韵母。鼻音尾韵母由元音和鼻辅音韵尾构成，an、ian、uan、üan、en、in、uen、ün 带舌尖鼻音 n，称为前鼻尾韵母；ang、iang、uang、eng、ing、ueng、ong、iong 带舌根鼻音 ng，称为后鼻尾韵母。

前鼻音 n 与声母中的舌尖中浊鼻音 n 基本相同，区别在于除阻阶段不发音。

ng 是舌面后浊鼻音。发音时，软腭下降，打开鼻腔通路，舌面后部后缩，抵住软腭，气流振动声带后从鼻腔通过。该辅音在普通话中不能作声母，只能作韵尾，除阻阶段不发音。

五、韵母发音中常见的问题

韵母发音中存在的问题，与声母发音中存在的问题相比，整体上更加分散，每个人存在问题的差异也更加明显。整体上来说，要根据个人实际情况，结合对应韵母的舌位、唇形、开口度和韵头、韵腹、韵尾的变化过程来逐一修正。但是也存在一些共性的问题。

（一）前后鼻音不分

n 和 ng 不分的问题，即不会发前鼻音或者不会发后鼻音的问题，或者分不清哪些音是前鼻音、哪些音是后鼻音的问题。前鼻音韵母是先发元音，然后舌尖前伸抵住上齿龈，以鼻音 n 收尾；后鼻音韵母是先发元音，然后舌根上抬碰触软腭，以鼻音 ng 收尾。对于分不清具体字词应该读前鼻音还是后鼻音的，需要在朗读训练时对照词典音序表加强练习，加强对前后鼻音对应字词的记忆。

（二）主要元音过短

主要元音过短会导致整个音节过短，字音不清晰，音节的跳跃感过强，影响整体语音面貌的连贯性和悦耳度。在这种情况下，应当大幅放慢发音速度，体会韵头、韵腹和韵尾在舌位、唇形、开口度上的变化过程和各自持续的时间，然后再逐步加快速度，直至回到正常状态。

（三）韵头丢失

韵头丢失会导致韵母发音直接从主要元音开始，这样就变成了另一个韵母，致使整个音节发音错误。重点观察自己韵母发音的起始位置是否是韵头的口形；尝试在韵头的正确口形下，不发韵头的音，直接滑动发主要元音的音。

请同学们结合教材下编中韵母发音训练的任务，先全面练习，找出自己发音存在问题的韵母，着重练习。

拓展阅读

（1）我们为同学们准备了大量的绕口令作为韵母发音练习材料，请大家扫码查阅。

（2）你是否存在韵母的系统性语音缺陷呢？请扫码查阅韵母辨音训练吧。

（3）你知道什么是押韵吗？扫码了解一下押韵的相关知识吧，然后找一些你喜欢的韵文，看看它们是否押韵、是怎么押韵的。

韵母发音训练材料　　韵母变音训练

课后作业

请坚持每日进行韵母发音训练。

第五节 声调发音训练

一、调值和调类

在普通话中，一般一个音节对应一个汉字，所以声调也称字调。

（一）调值

音节高低升降、曲直长短的变化形式，也就是声调的实际读法。

（二）调类

声调的种类，就是把调值相同的音节归纳在一起所建立的类。

调值针对每一个音节，调类针对每一类相同调值的音节。

（三）五度标记法

赵元任创制的"五度标记法"是用五个等级来标记调值相对音高的一种方法。

(1) 阴平：高平调，55。
(2) 阳平：高升调，35。
(3) 上声：降升调，214。
(4) 去声：全降调，51。

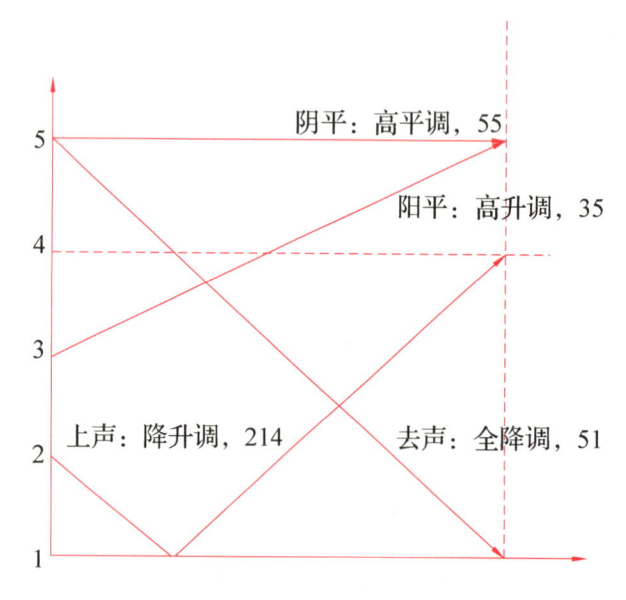

二、声调发音中常见的问题

由于声调本身比较少，所以在发音实践中存在的问题也比较集中。

（一）阴平调常见的问题

（1）个人四声整体的相对音高区间很窄，导致阴平调调值显得不够高，影响音节的清晰度和音声美。这种情况应当加强音域拓宽训练，适当扩大自己的四声相对音高区间。

（2）个人四声整体的相对音高区间没有问题，但是阴平调整体偏低。在这种情况下，要仔细体会阳平调尾音和去声调起始音的音高，对照提升阴平调的调值。

（3）阴平调起始音高没有问题，但发音过程中不断下滑，尾音音高严重不足。在这种情况下，要通过对比起始音高和尾音的调值，提高尾音调值，保持前后一致。

（二）阳平调常见的问题

主要是尾音高度不够，也就是将调值35发成了34。在这种情况下，要以阴平调的正确音高来定位5的调值，从而纠正阳平调尾音的音高。

（三）上声调常见的问题

主要是转折位置的声调形态。一般情况下，应为接近于直线型的转折，显得掷地有声、干净利落；错误的状态为弧线型的转折，显得绵软无力、拖泥带水。

（四）去声调常见的问题

主要是起始音高高度不够，其纠正方法与阳平调一致。

总的来说，除上声调以外，其他三个声调常见的问题都与相对音高区间中5的调值高度密切相关。合理拓宽相对音高区间和准确定位5的调值，是声调训练中的关键。

请同学们结合教材下编中声调发音训练的任务，先全面练习，找出自己发音存在问题的声调，再着重练习。

拓展阅读

（1）你是不是听说过古代汉语的声调是"平、上、去、入"四声？那为什么现代汉语中入声不见了呢？扫码了解一下汉语声调调类的古今变迁吧。

（2）你知道什么是平仄吗？扫码了解一下平仄的相关知识吧，然后找一些你喜欢的韵文，看看它们是否合辙，体会一下汉语的音声美。

"古今调类变迁"和"平仄"简介

"押韵"简介

课后作业

请坚持每日进行声调发音训练。

第六节　语流音变

当一个一个的音节串连起来形成语句的时候，有些音节的发音就会不同程度地受到前后音节的影响；有时候为了满足表情达意的需要，有些音节的读音也会发生一定的变化。这类情况称为语流音变，也可以叫连读音变。

一、变调

变调是指在语流中有些音节的声调发生了一定的变化，与单读时调值不同。普通话的变调主要有五类。

（一）上声变调

上声音节是四声里音长最长的，所以在语流中变调的频率也是最高的。

（1）读本音的情况：单念或处于词语和句子的末尾。

（2）两个上声相连：前一个上声变调为阳平 35，如"水果、了解、领导、演讲"；如果后一个上声要改读轻声，则前一个上声变调为阳平 35，如"捧起、等等、讲讲、想起"，或者 21，如"嫂子、姐姐、毯子、奶奶"。

（3）三个上声相连：当词语结构是 2+1 的"双单格"时，前两个上声都变为阳平 35，如"展览馆、管理组"；当词语结构是 1+2 的"单双格"时，前两个上声依次变为 21 和阳平 35，如"很勇敢、小老虎"。

（4）三个以上上声相连：根据词义适当分组，然后遵循以上原则。快读时，也可以只保留最后一个音节的上声，其余一律变成阳平 35，如"种马场养有五百匹好母马"。

（5）上声在非上声音节的前面：变为 21。

在阴平前："首都、北京、统一、女兵"。
在阳平前："祖国、海洋、语言、改良"。
在去声前："解放、土地、巩固、鼓励"。
在改读轻声的非上声前："尾巴、起来、宝贝、里头"。

（二）去声变调

两个去声相连，前一个音节如果不是重读音节，则变为 53，如"信念、变化、办事、快速、互助、大会"。

（三）"一、不"的变调

（1）"一、不"单念、用在词句末尾、"一"表示序数、"不"在非去声前的时候，读原

调,如"一二三、十一、五一、第一、统一、整齐划一、唯一、万一","不、不一样、偏不、不约而同、永垂不朽、不可一世"。

(2)"一、不"在去声前,一律变调为阳平35,如"一样、一向、一定、一块儿、不怕、不够、不快、不慢"。

(3)"一"在非去声前,变调为去声51,如"一天、一般、一年、一成、一手、一两"。

(4)"一、不"夹在相同的动词中间,变调为轻声,如"想一想、拖一拖、管一管、谈一谈","在不在、来不来、肯不肯、开不开"。

(5)"不"夹在可能补语中,变调为轻声,如"做不好、来不了、装不满、想不到、买不起"。

(四) "七、八"的变调

"七、八"在去声前可以变调为35,也可以读原调,如"七上八下、八个"。

(五) 形容词重叠的变调

(1) AA式

非阴平调的单音节形容词重叠后加儿化韵的,第二个音节的声调可以变成阴平调55,如"慢慢儿、大大儿、快快儿、好好儿"。

(2) ABB式

单音节形容词的非阴平调叠音后缀,声调可以变成阴平调55,如"亮堂堂、直挺挺、黑洞洞、沉甸甸"。

(3) AABB式

双音节形容词重叠后,第二个音节变为轻声,第三和第四个音节可以变成阴平调55,如"认认真真、老老实实、慢慢腾腾、马马虎虎"。

二、轻声

(一) 什么是轻声

轻声是一种特殊的变调现象,是原有四声的弱化形式。轻声不是一个独立的声调类别,不能跟阴、阳、上、去并列为第五类声调。每一个读轻声的字都有其原调,其原调也都属于阴、阳、上、去四类中的一种。轻声没有固定的调值,根据原调的不同,轻声调值也有所不同。轻声出现在特定的语言环境里,比如某些词、短语中。

(1) 阴平+轻声=2,如"真的"。

(2) 阳平+轻声=3,如"谁的"。

(3) 上声+轻声=4,如"我的"。

(4) 去声+轻声=1,如"是的"。

（二）轻声词

一般来说，新词、科学术语中没有轻声音节，口语中的常用词才有轻声音节。

（1）名词、动词里，部分单纯词中的叠音词和合成词中的重叠式的后一音节。如果在动词合成词中的重叠式中加上"一、不"的话，则"一、不"读轻声，重叠音节读原调，如"猩猩、饽饽"（单纯词），"姐姐、弟弟、爸爸、妈妈"（名词合成）"看看、坐坐、催催、劝劝"（动词合成）。

（2）名词中的构词后缀"子、头"。

仅限构词后缀，如果"子、头"是实语素，而不是构词后缀的话，就不能读轻声，如"原子、光子、老子、窝窝头"。

（3）名词或者代词中表示群体的构词后缀"们"，如"你们、我们、他们、同学们、朋友们、孩子们"。

（4）名词、代词后面表示方位的"上、下、里、头、面、边"等语素或词，如"这边"（代词+语素）、"那里头"（代词+词）。

（5）句末语气词、动态助词"着、了、过"、结构助词"的、地、得"。

（6）动词、形容词后面作补语的趋向动词。若动词、形容词和趋向动词中间加上"得、不"时，则"得、不"读轻声，趋向动词读原调，如"进来→进不来/进得来、出去→出不来/出得来"。

（7）一些常用的双音节词语中，第二个音节习惯上读轻声，这是一种约定俗成的现象，如"葡萄、玻璃、眉毛、眼睛、头发、商量、合同、客气、体面"。

（三）轻声的作用

1. 区别意义

例如"《道德经》的作者老子"，这里的"老子"是专有名词，指道家学派创始人李耳，"子"不读轻声。而在"老子英雄儿好汉"中，"老子"指父亲，"子"读轻声。

2. 区别词性

例如"他是一个很厉害的人"，这里的"厉害"是形容词，表示有能力或凶狠的意思，"害"读轻声。而在"这里面的厉害关系非同小可"中，"厉害"是名词，表示事情高度的重要性，"害"不读轻声。

轻声的约定俗成性非常强。很多词语中有音节读轻声和没有音节读轻声时的词义和词性的区别是约定俗成的；部分词语只有轻声读法，只能代表一个词义，不存在区别词义和词性的需要，其轻声要求也是约定俗成的。

三、儿化

(一) 什么是儿化

儿化是指一个音节中韵母加上卷舌动作的一种特殊音变现象,这种儿化了的韵母就叫作儿化韵。

儿化韵在书写过程中有两种表现形式：拼音状态下,是在儿化音节的韵母后面加上 r；汉字状态下,是在儿化音汉字的后面加上"儿"。文字中的儿化韵也不一定全部用"儿"字标出,而是由朗读者按照约定俗成的语言习惯直接儿化后读出。

普通话韵母中除 ê 和 er 以外,其余的都可以儿化。

后面有"儿"的不一定都读儿化韵,有的也要单读 er。比如：安徒生的童话作品《海的女儿》《绝代双骄》中的主人公小鱼儿。

(二) 儿化韵的作用

1. 区别词义

有的词语是否儿化具有不同的意义。如"眼"指眼睛,"眼儿"指小孔；"火星"指行星,"火星儿"指极小的火焰。

2. 区分词性

兼有名词、动词词性的词语,儿化后词性就固定为名词,如"画→画儿"；形容词儿化后,词性也固定为名词,如"尖→尖儿"；有的名词、动词儿化后变为量词,如"手→手儿（留一手儿、有一手儿）、堆→堆儿（一堆儿）"。

3. 区分同音词

表示细小、轻微、藐视或者轻松、喜爱、亲切的感情色彩,如"头发丝儿、碎末儿、小心眼儿、小孩儿、小狗儿、脸蛋儿"。

四、"啊"的音变

"啊"出现在句中或者句末的时候,会受到前一音节尾音音素的影响,导致读音发生变化。对于"啊"的音变,我们可以用语流合音的方法来掌握。

前字尾韵	"啊"的音变	文字写法	举例
a、o、e、ê、i、ü（不含 ao、iao）	ya	呀	鸡呀、鱼呀、鹅呀、他呀
u（含 ao、iao）	wa	哇	苦哇、好哇
n	na	哪	难哪、新哪
ng	nga	啊	香啊、红啊
舌尖后-i、er	ra	啊	是啊、店小二啊
舌尖前-i	[za]	啊	次啊、死啊

在日常书写中，往往也将文字写法统一写成"啊"，也有把"哪"写成"呐"的现象，朗读者在朗读过程中应按照语流合音的原则读出。

请同学们结合教材下编中语流音变发音训练的任务，先全面练习，找出自己发音存在问题的声调，再着重练习。

拓展阅读

普通话常见的轻声词和儿化词你知道多少？扫码查阅一下《普通话水平测试用必读轻声词语表》和《普通话水平测试用儿化词语表》吧。

普通话水平测试用
必读轻声词语表

普通话水平测试用
儿化词语表

课后作业

普通话语音部分的知识我们都学习过了，发音练习是一件需要长期坚持、逐步积累的事情，在未来的练习中把声母发音、韵母发音、声调发音、语流音变的科学方法渐渐熔于一炉吧。

第三章

朗　　读

章前故事

　　小李是学前教育专业的一名学生。二年级时，学校组织同学们到幼儿园实习一个月。一周后，小李向指导老师反映，自己发现孩子们好像更喜欢同班的实习生小王。指导老师让小李反思一下出现这种现象的原因。小李觉得自己唱歌、弹琴、跳舞、画画、手工、体操等方面的技能并不比小王差，对孩子们的爱心和耐心、对工作的积极性和认真程度都和小王不相上下，实在找不出原因。指导老师鼓励小李到孩子们中间去找答案。结果小朋友们告诉小李，他们觉得小王老师说话好听，他们更喜欢听小王老师的话，更愿意和小王老师在一起。

　　指导老师告诉小李，邓小平同志在一次党代会期间说："不管多么潦乱的文章，一旦排成铅字，就顺眼多了，再由播音员一念又增色不少。"平时我们在广播、电视、网络上经常听到、看到专业的播音员、主持人、演员，是不是觉得他们说话比一般人更动听，更容易让人接受和认同呢？这就是朗读技巧在不经意间发挥的重要作用。虽然日常工作中语言表达的场合并不以朗读为主，但各种口语交流的形式无一不能融入朗读技巧的运用，无一不以朗读能力为基础。

【提示】

　　纠正普通话发音、通过普通话水平测试，只是普通话表达训练的第一步，是基础。我们不仅要发音标准、悦耳，更要传递出清晰准确的信息和旗帜鲜明的情感，这样才能达到表情达意、赢得认同的最终目的。朗读是运用普通话的一种形式，也是教师和语言工作者在日常工作中必然会运用到的基本形式之一。熟练地掌握朗读的方法和技巧，才能更好地完成表情达意的任务。伴随着学习的深入和水平的提升，我们还会遇到朗诵、演讲、采访、辩论、戏剧表演等多种多样的普通话运用形式，虽然它们也有各自不同的方法和技巧，但最基本的朗读方法和技巧在这些形式中都能用到。

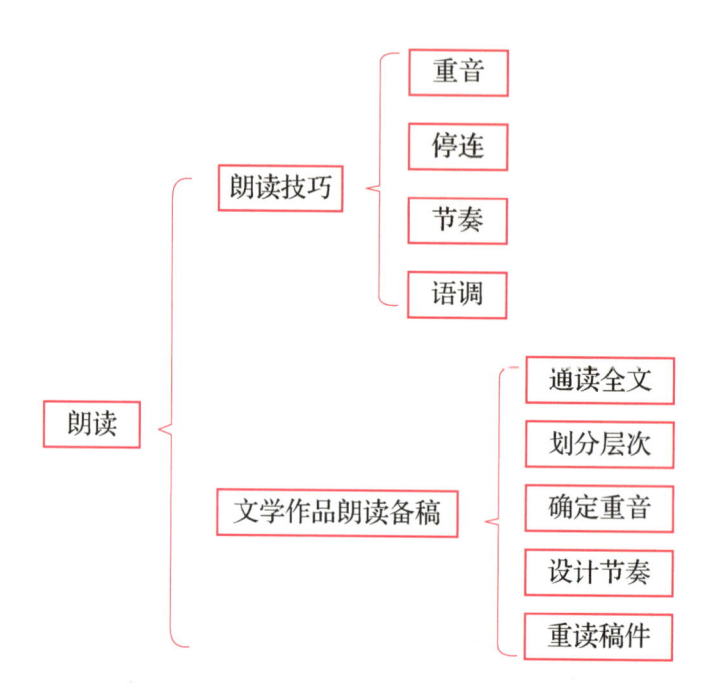

知识导图

```
                    ┌─ 重音
            ┌ 朗读技巧 ─┼─ 停连
            │         ├─ 节奏
            │         └─ 语调
     朗读 ──┤
            │              ┌─ 通读全文
            │              ├─ 划分层次
            └ 文学作品朗读备稿 ─┼─ 确定重音
                           ├─ 设计节奏
                           └─ 重读稿件
```

学习目标

知识目标

（1）了解朗读的概念、基本的朗读技巧、常见的节奏和语调。

（2）了解文学作品简易朗读方法的步骤。

（3）了解情境再现式和讲述式朗读的概念。

能力目标

（1）能够准确合理地使用基本的朗读技巧。

（2）能够根据文章的表达需求，选择合适的节奏，并根据文章的情感变化，恰当地转换节奏。

（3）能够完成稿件分析、朗读方法设计，在备稿的基础上进行朗读。

素质目标

（1）在思想上树立"朗读是一种二度创作，也是一种艺术创造活动，不是单纯地将文字转化为声音"的认识。

（2）通过对不同作品的分析、朗读，在掌握朗读技巧的同时，充分理解作品的思想内涵，提升思想境界。

第一节 朗读技巧

一、朗读的概念

朗读，是把文字转化为有声语言的一种创造性活动，是一种出声的阅读方式，高于一般说话的口语表达方式，感染力也更强。朗读首先要建立在深入地理解作品的思想内容的基础上，同时还要具备一定的朗读技巧。不同类型的作品，朗读的方法也不尽相同。为应对不同层次的朗读需求，不同水平的朗读者使用的朗读技巧也有差异。我们在这里给大家着重讲解一些基础的、通用的朗读技巧。

二、重音

（一）重音的概念

传统理论认为重音就是在语句中念得比较重、听起来特别清晰的音。现在我们认为这种理解是不全面的。重音是指在有声语言状态下，语句中对整体表情达意功能起主要作用，因而被强调的词或短语，也叫语句重音。

汉语中的重音分为词重音和语句重音。词重音以语素的形态出现，而语句重音以词或者短语的形态出现。虽然语素是汉语中音义结合的最小单位，但汉语在表意过程中，更多的是以词为基本单位，所以词重音的特点没有语句重音那么明显和重要。尤其是在非语言艺术类的工作中，一般要求处理好语句重音即可。

（二）重音的作用

重音的作用是使语句在表情达意的过程中，将最重要的信息或者最主要的情感更突出、更清晰地呈现在听者面前，以方便和加速听者的理解，提高信息传播的效率。

（三）重音的分类

重音分为语法重音和逻辑重音两类。语法重音是指根据句子的语法结构或者词性，将其中的部分句法成分或词语作为重音。由于句法成分和词性体系本身比较复杂，初学者在朗读过程中不易判断，故作为一个知识点了解即可，在朗读过程中主要使用逻辑重音。

逻辑重音是根据语句表情达意的需求，确定句子中最容易使听者明白、最需要听者明白、表达情感最强烈的词或短语。

逻辑重音有时候和语法重音是重合的，有的时候是不同的。当逻辑重音和语法重音不一致时，本着语言是用来表情达意的这一功能，语法重音要服从逻辑重音。

（四）重音的表达方式

重音并不简单地等于重读，而是有重音重读、重音轻读、停顿、长音等表达方式。几种表达方式可以单用，也可以并用。

逻辑重音并不是一成不变的，每个人可以根据自己对文章的理解、个人的风格等，确定在朗读中的逻辑重音。

很多人在自然养成的朗读习惯中有固定的重音位置，比如句首重音、句尾重音、动词重音、谓语重音、修饰限定词重音等。但这种一成不变、模式化的重音处理显然是不可能满足需要的。重音的确定最重要的依据就是表情达意的需要，要有理有据。

舒婷的代表作《致橡树》同学们都学习过或读过，我们一起来重温这首诗歌的开头部分："我如果爱你——绝不像攀援的凌霄花，借你的高枝炫耀自己；我如果爱你——绝不学痴情的鸟儿，为绿荫重复单调的歌曲……"请结合上面的知识点，为两句"我如果爱你"确定重音，并设计表达方式，交流探讨一下理由，并尝试朗读比较。

三、停连

（一）停连的概念

停连是指在有声语言状态下，语句中或语句间声音出现的中断和连接，这种中断也叫停顿。在初级阶段，我们不要求大家掌握连接的技巧，能够处理好停顿即可。

（二）停顿的分类和作用

停顿可以分为生理停顿、语法停顿和逻辑停顿。

生理停顿是指朗读者或者说话人由于换气需要而必须进行的停顿。语法停顿是指以标点符号为标志或从句法成分方面考虑而进行的停顿。逻辑停顿是指根据语句表情达意的需求，在句子中最容易使听者明白、最需要听者明白、表达情感最强烈的词或短语之前、之后或前后同时进行的停顿。

一般情况下，语法停顿和逻辑停顿的频率高于生理停顿，所以生理停顿应服从于语法停顿和逻辑停顿，朗读者或说话人可以选择较大的停顿点进行换气。

（三）停顿的标志与方法

段落换行和标点符号是停顿的重要标志。一般情况下，根据层次的大小，停顿的长短也有所不同。按照层次由大到小，停顿的时间由长到短，一般顺序为：段落换行、句号/问号/省略号/感叹号、分号、逗号、顿号。冒号、破折号、书名号、括号、引号等的停顿伸缩性较

大，可根据具体表情达意的需求情况把握。

标点符号是停顿的重要标志，但并不是有标点符号的地方就必须停顿、没有标点符号的地方就不能停顿。

以下情况属于没有标点符号也要停顿：①两个标点之间的句子或者分句过长，导致朗读者必须要有停顿用以换气；②两个标点之间的句子或者分句信息量过大，不易于听者理解，需要用停顿使句子的结构层次更加清晰；③根据表情达意的需求而需要停顿的。

有时候，语句中分句较短、较多且语义紧密，标注标点更多是为了使语句在文字形态下层次更加清晰，便于理解，避免歧义；在朗读过程中可以不停顿，使语句更加连贯，表情达意更加准确生动。

在诗歌朗读中，为了加强节奏感，在没有标点的地方也会停顿，而且这种情况的出现频率还比较高。

请结合上面的知识点，为以下诗歌确定停顿点，交流探讨一下理由，并尝试朗读比较。

（1）保卫黄河，保卫华北，保卫全中国！（《保卫黄河》光未然）

（2）撑着油纸伞，独自彷徨在悠长，悠长又寂寥的雨巷，我希望逢着一个丁香一样的结着愁怨的姑娘。（《雨巷》戴望舒）

（3）日照香炉生紫烟，遥看瀑布挂前川。飞流直下三千尺，疑是银河落九天。（《望庐山瀑布》李白）

四、节奏

有的教材中将这部分总结为语速，这种表述仅从速度上进行了划分，过于单一。我们在这里用节奏这一概念来进行界定。

（一）节奏的概念

节奏是指在有声语言的表达过程中，在强弱、起伏、快慢等方面有一定规律的声音形式。

节奏型朗读篇目

（二）常见的节奏类型

1. 轻快型

多扬少抑，声轻不着力，语流中顿挫少，且顿挫时间短暂，语速较快，轻巧明丽，有一定的跳跃感。全篇重点处的基本语气、基本转换都比较轻快，比如朱自清的《春》。

2. 凝重型

多抑少扬，多重少轻，音强而着力，色彩多浓重，语势较平稳，顿挫较多，语速偏慢。全篇重点处的基本语气、基本转换都显得分量较重，比如恩格斯的《在马克思墓前的讲话》。

3. 低沉型

声音偏暗偏沉，语势多为落潮类，句尾落点多显沉重，语速较慢。全篇重点处的基本语气、基本转换多偏于沉缓，如夏衍的《包身工》、老舍的《在烈日和暴风雨下》《骆驼祥子》。

4. 高亢型

声音多明亮高昂，语势多为起潮类，峰峰紧连，扬而更扬，势不可遏，语速偏快。全篇重点处的基本语气、基本转换都带有昂扬积极的特点，如茅盾的《白杨礼赞》。

5. 舒缓型

声音多轻松明朗，略高但不着力，语势有跌宕起伏，但多轻柔舒缓，语速徐缓。全篇重点处的基本语气、基本转换都显得舒展徐缓，比如老舍的《济南的冬天》、陈淼的《桂林山水》。

6. 紧张型

多抑少扬，多重少轻，语速快，气息急促，顿挫短暂，语言密度大。全篇重点处的基本语气、基本转换都比较急促、紧张，比如闻一多的《最后一次讲演》、屠格涅夫的《麻雀》。

（三）节奏类型的转换

朗读中的节奏不是一成不变的，只有随着文章内容的不断演进而不断转换，才能更好地表情达意。从高低、轻重、徐急三个方面来看，常见的转换形式有：欲扬先抑，欲抑先扬；欲重先轻，欲轻先重；欲快先慢，欲慢先快。

一般情况下，为了使表达效果更好，尤其是有一定篇幅的作品，都会在多种节奏类型之类相互转换。上面列举的篇目也只是对应的节奏类型使用更多，同学们在练习初期可以先使用单一节奏类型，以便快速掌握技巧，之后再采取节奏类型转换的方式，练习相同的作品。

五、语调

（一）升调

调子由平升高，常用来表示反问、疑问、惊异、号召等语气。

（二）降调

调子先平后降，常用来表示陈述、感叹、请求等语气。

（三）平调

调子始终保持同样的高低，常用来表示严肃、冷淡、叙述等语气。

（四）曲调

调子升高再降，或者降低再升，常用来表示含蓄、讽刺、意在言外等语气。

第二节　文学作品的简易朗读方法

文学作品在朗读过程中一般分为理解和朗读两个环节，具体的方法、步骤有多种表述，每个人根据自己的经验、习惯、特点，也会量体裁衣地设计适合自己的朗读步骤，最常见的是"备稿六步"。在非语言艺术类的工作中，不要求达到十分高深精巧的水平，只需要掌握简易的朗读方法，即可满足常见的工作和生活场合中的朗读需求。

一、通读全文

（一）目的

通读全文的目的是了解文章的内容。在这一环节，重点对文章内容进行整体性了解，抓住一些关键信息。虽然默读也可以了解文章内容，但通读全文时不能默读，要出声读，这样不仅能够集中注意力，提高效率，还能够提早发现朗读中的难点，为后面的环节打好基础。在这一环节，对呈现出的朗读质量不作要求。

（二）目标

怎样才算有效完成了通读全文这一环节呢？起码要达成三个目标。

（1）确定文体。

确定文体后，可以根据不同的文体，大体上确定朗读的方向和需要注意的问题。比如，文体为诗歌，就要注意设计好没有标点处的停顿，语调、重音、长音等处理要夸张一些，适当使用重复等；如果是小说，就要重点考虑如何通过语音去塑造人物形象，进行一些必要的人物语音模拟等；如果是散文，就要注意连贯度、抒情方法、文眼的处理等；如果是记叙文，则要注意记叙事件整体与重点的处理等。通过确定文体，做到心中基本有底。

（2）结合作者生平、写作背景、上下文、个人生活经历等，深入理解文章的思想内涵。

对于名家名篇或者能够查到作者相关资料的作品，可以结合作者生平对文章进行分析，比如作者的人生经历、创作特点、个人风格等。对于作者不详或难以查找生平的，这部分不强求。

能查询到作者生平的，往往也能查询到写作背景；不能查到作者生平的，可以根据文章内容推测大概的写作年代，根据写作年代估量与作品相关的时代背景。当然，如果作品内容中体现出的时代性不明显，或者内容与写作年代关系不大的情况下，这部分也可以略去。

上下文是理解文章内涵最重要的依据，要以上下文所述内容为主，深入理解文章传递的信息、表达的情感态度和观点。

在结合上下文理解的基础上，要进一步结合自己的个人生活经历来深入理解文章的思想内涵。这里的个人生活经历以自己亲身经历的为最佳，也可以是自己看到的、听到的、充分了解过的人、事、物。在理解文章思想内涵的过程中，既要注重与原文同行同向，也要根据表达需要和朗读者自身的特点、能力，找到最适合自己的表达方式。

（3）归纳总结人物形象特征、情节发展脉络、感情演变过程等线索。

归纳总结人物形象特征、情节发展脉络、感情演变过程等线索，是为了给整体语调设计、层次设计、重音设计、停顿设计、节奏设计提供有效的外化依据。这里的人物形象不仅是人，也可以是文中的动物、植物等事物；情节发展脉络既包含主线情节，也包含支线情节；线索既可以是明线，也可以是暗线。

一般情况下，通读全文后，对作品朗读的语调和节奏就有了一个基本的判断。

二、划分层次

（一）层次的种类

作品层次一般划分为三个等级，从大到小依次是段间层次、句间层次和句内层次。

（二）划分方法

划分层次常见的方法有四种。

划分段间层次时，主要使用段落归纳法，这种方法是同学们最为熟悉的。

划分句间层次时，对于单句间或单句与复句间的层次，主要结合句子间语义的紧密程度来划分；对于复句中分句间的层次，主要使用复句结构法来划分；对于较长单句或者复句中较长分句的层次，主要使用句子成分关系法来划分；对于较短的单句或者复句中较短的分句，理论上也应该划分层次，但实际上并不需要，在确定重音后，根据重音的表达需要设计停顿就可以了，没有需要的也可以不停顿。

（三）通过层次确定停顿

划分完层次以后，就可以依据层次确定较大的停顿点了。当然，这些停顿点也有长短之分，有些句中层次的停顿会和表达重音所需的停顿重合，但这里所说的不包含专门为重音表达所设计的停顿。换气的气口一般设计在依据层次确定的停顿点上，原则上尽可能在相对大的停顿点换气，这样能够更好地保证语义的完整性和朗读的连贯性。

三、确定重音

这一环节主要确定逻辑重音。首先逐段逐句选出作为重音的音节、词或短语，然后设计每个重音的具体表达方式。具体的方法在"朗读技巧"的"重音"部分已经讲过，此处不再赘述。

四、设计节奏

对文章的整体节奏进行设计，主要以段落和句为单位，设计朗读的强弱、起伏和快慢。具体的方法在"朗读技巧"的"节奏"部分已经讲过，此处不再赘述。

五、重读稿件

重读稿件是在前面四个环节的基础上，对作品细致的外化处理。在这一环节，通过反复朗读稿件，调整语音、语调、节奏，优化重音和节奏的处理，尽可能做到"脑中有思想、心中有对象、口中有技巧、脸上有表情、身上有动作"。也就是说，脑子里要有明确的朗读目的，比如读给谁听、希望对方听完以后达到什么样的传播效果或目的；心里要有对象感，如果不是面对面的朗读，要想象一个与自己面对面的受众，从而充分调动表达欲望，调整朗读状态。各种朗读技巧要通过口语呈现出来，最终形成外化的表达效果。面部表情要和朗读的内容、传递的信息、表达的情感保持同行同向。如果是脱稿朗读或者不用手持稿件的朗读，还可以辅以一定的手势等身势语。

在这一环节，要注意三个问题。

第一，如果是不脱稿的朗读，眼睛要比嘴巴提前5~7个字。这个预留量会让我们始终知道接下来要读什么，从而大幅提升朗读的连贯度。当然，这个预留量在朗读的过程中可能会因为眼睛没有跟上或者脑子没有跟上而被使用掉，但是在停顿的过程中，眼睛依然可以往前看，将使用掉的预留量迅速补上，让预留量在不断的使用与补充中循环往复。

第二，结合自己的理解，尽可能与稿件相互融入，力求身临其境，采用情境再现式或者讲述式的方法进行朗读。无论是使用情境再现式还是讲述式，都要通过想象，在自己眼前设置一个与作品内容一致的场景。情境再现式需要我们将自己想象为场景中正在经历事件的人物，讲述式则需要将自己设置为场景中的一个旁观者。一般情况下，情境再现式的感染力更强，更生动，表达技巧的使用幅度更大一些；讲述式相对更冷静、内敛，表达技巧使用幅度的控制要求更高一些。具体使用哪种方式，要根据朗读目的、受众以及朗读者的水平、年龄、性别等具体情况选择。

第三，情感特征和语音语调随内容发展而不断变化，切忌千篇一律。文似看山不喜平，事物在变化中不断发展和演进，朗读也是一样，要在反复的重读稿件中不断调整和优化，避免语音、语调、节奏、重音等方面的同质化。

为了帮助同学们更快地掌握朗读的方法和技巧，我们设计了文学作品朗读专用备稿纸的模板，供大家在初学阶段使用，能够帮助大家更好地将文学作品的朗读方法与技巧融会贯通、运用于实践。当然，这个模板并不是标准答案，同学们可以在熟练掌握的基础上，根据自己的风格、特点、特长等实际情况，优化或重新设计更适合自己的朗读备稿方式。

拓展阅读

朗读备稿过程中少不了要使用一些标记符号，你为自己设计了专属标记符号系统吗？如果没有的话，扫码查看一下供大家参考的常见标记符号吧。在实践中也可以思考一下，手写时使用怎样的一套符号对你来说最方便，用计算机录入时又是怎样的一套符号最方便。

课后作业

请同学们扫码获取更多的文学作品朗读资料，结合本章的内容，使用文学作品朗读专用备稿纸，不断练习文学作品朗读方法，练习得最好的一些篇目也可以作为你参加比赛和表演的保留节目哦。

朗读备稿常用标记符号

文学作品朗读专用备稿纸

第四章

演 讲

章前故事

每年的普通话水平测试结束后,老师向应试的同学们调研考试情况,大部分同学都表示"命题说话"最难,考得最不好。结合成绩来看,与大家的感受也很一致。难道说"命题说话"就是同学们跨不过的天堑、越不过的高峰吗?

到幼儿园考察时,许多毕业生告诉老师,在幼儿园最怕的就是开家长会,不是不知道说什么,就是前言不搭后语。无论自己对孩子如何用心、负责,都难以获得家长的完全信任。

有的同学工作几年后,在单位升任了更高的职务或职级,他们向老师诉苦说,最怕的就是每周的例会、年终的总结、业内的交流,不知道该说什么,大脑一片空白。由于表现得不好,不仅自己难堪,还导致工作成绩不被肯定,影响了职业发展进程。

【提示】

其实,无论是"命题说话"、开家长会,还是例会、总结、交流,本质上来说都是一种演讲,只是在演讲目的、演讲受众、正式程度、内容特点上存在一定差异。由此可见,演讲在我们的生活和工作中十分常见,是一种必备的通识技能。

知识导图

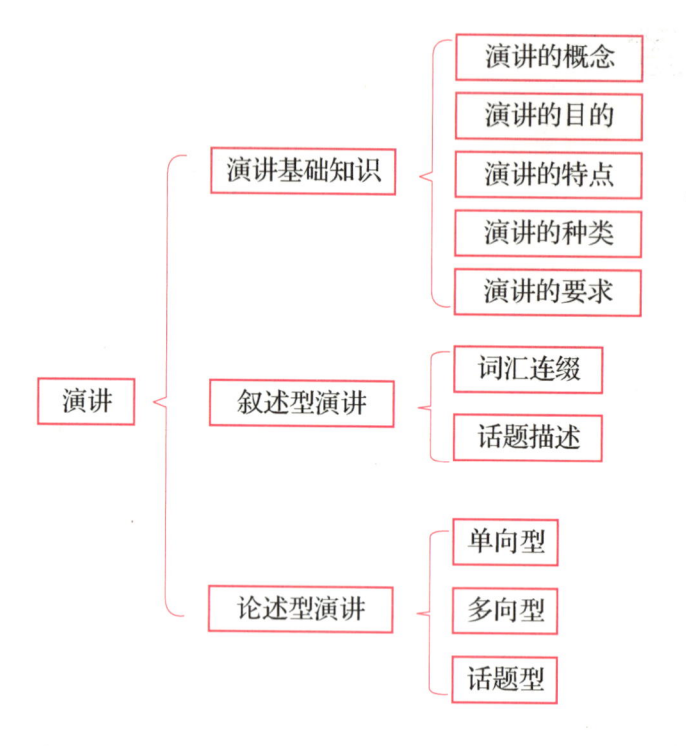

```
                          ┌─ 演讲的概念
                          ├─ 演讲的目的
            ┌─ 演讲基础知识 ─┼─ 演讲的特点
            │             ├─ 演讲的种类
            │             └─ 演讲的要求
            │
演讲 ────────┼─ 叙述型演讲 ─┬─ 词汇连缀
            │             └─ 话题描述
            │
            │             ┌─ 单向型
            └─ 论述型演讲 ─┼─ 多向型
                          └─ 话题型
```

学习目标

知识目标

（1）了解演讲的概念、目的、特点、种类、要求。

（2）了解叙述型演讲内容的规划方法；了解词汇连缀和话题描述的训练目的、方法技巧与注意事项。

（3）了解论述型演讲与叙述型演讲的差异；了解单向型、多向型、话题型演讲的训练目的、方法技巧与注意事项。

能力目标

（1）能够根据不同的场合、事由、目的，选择恰当的演讲方式。

（2）能够正确规划演讲内容、列出提纲，进行叙述型演讲。

（3）能够正确厘清类型、选择论点、列出提纲，进行论述型演讲。

素质目标

（1）正确认识和理解"积累"与"技巧"之间的关系，摒弃"使用一定的方法和技巧就可以投机取巧、省事省力"的错误认识。

（2）通过按科学的方法和流程进行演讲训练，消除对讲稿的依赖性，培养迎难而上、坚持不懈、攻坚克难的品质。

第一节　演讲概述

一、演讲的概念

演讲又称讲演、演说，是指在公共场所以有声语言为主要手段，以体态语言为辅助手段，针对某个具体问题，鲜明、完整地发表自己的见解和主张，阐明事理或抒发情感，进行宣传鼓动的一种语言交际活动。

二、演讲的目的

无论是哪种形式的演讲、用什么方法来演讲、想达到何种效果的演讲，从内容的角度上来看，无非起到两种作用：一是传递信息，二是表达情感态度，也就是我们常说的表情达意。

以传递信息为主的演讲，其信息往往是受众不知道或不清楚的，主要目的是让对方在最短的时间内以最快的速度了解最多的信息。一般情况下，对方在了解清楚信息以后，演讲目的基本上就达到了。演讲效果是可以预判的，且差异不会太大，比如科普知识讲座等。

以表达情感态度为主的演讲，一般情况下，也包含一定的基础信息，因为信息是情感态度的来源，但信息本身可能是受众已经知道的，只不过对信息的思考、理解和判断不一定正确、精准和深入。这种情况下，主要目的是让对方认可自己的情感态度，赢得对方的认同和支持，引导对方的思想和行为。这种演讲对基础信息的陈述要简明扼要，以发表观点态度并说明自己的理由、证明自己的正确性为主，只有赢得了对方的认同和支持，才算达到了演讲目的。演讲效果的不确定性更强，比如新闻评论。

当然，很多时候演讲兼具传递信息和表达情感态度两方面目的，比如法庭辩论、学术研讨等。这种时候要根据具体情况平衡两方面目的，将具体方法有机结合起来使用。

三、演讲的特点

（一）口头性与即时性

虽然随着技术手段的进步，演讲可以编印成演讲稿，也可以录音录像，但是更多的时候，尤其是效果最好的演讲第一现场，依然具有很强的口头性和即时性。口头性是指演讲以口语为最主要的表达手段，因而也导致了即时性的特点，即一次成型、转瞬即逝，说的人没有机会重说，听的人也没有机会重听。更多的时候，说的人如果一次没有说清，会大幅影响自己演讲的可信度；听的人如果一次没听清，往往也没有耐心再听第二次。演讲时虽然可以辅以

PPT 等大屏幕展示手段，但对于完整的演讲全貌来讲，仍然具有口头性和即时性的特点。

（二）目的性

演讲是目的性非常强的有声语言运用形式，不同于无关紧要的聊天，也不同于自由度较大的朗读或朗诵。每一场演讲都具有明确的目的性，通过演讲要达到怎样的效果，一定是在演讲之前就已经明确了的。因而所有的演讲及其准备工作，都是围绕着演讲的目的展开的。

（三）正式性

演讲的内容，如果不考虑场合，一般情况下，也可以用其他有声语言运用形式来表达，但效果肯定会大打折扣。演讲往往用于相对比较正式的场合，由于其正式性的存在，演讲者和受众对演讲的重视程度也会更高，相应地，对演讲者的能力水平和准备工作的充分程度要求也就更高。当然，这种正式性也是有程度差异的，比如在重要会议上的发言是演讲，在婚宴上的致辞是演讲，在生日聚会上的讲话也是演讲，三种场合都是正式场合，但对于演讲正式性的要求程度明显不同。

四、演讲的种类

（一）宣读式演讲

一般情况下，宣读式演讲是所有演讲里正式性最强的一种。演讲的场合和内容要求演讲者必须按规定、按要求发言，不能随意发挥，甚至一个字都不能错。这种情况下，要提前写好演讲稿，全文反复认真审核修订，确保准确无误，再由演讲者宣读。宣读式演讲在处理方法上与朗读基本一致，最大的差异在于对表达目的达成性的要求程度不同。宣读式演讲要慎用，一般用于党组织、人大、政协、政府、单位等重要会议、重大节庆的领导讲话、报告。演讲人和演讲内容相对于受众往往处于上位，受众需要或必须接受演讲内容，演讲者和受众间的思想感情交流往往不足。如果在一般场合使用宣读式演讲，往往会因为不受欢迎而影响演讲效果，导致演讲目的难以达成。

（二）背诵式演讲

背诵式演讲是指演讲人按照准备好的演讲稿反复背诵、练习，最终以脱稿背诵的方式完成演讲。背诵式演讲常用于演讲比赛之类的场合，也属于相对比较正式的场合。演讲稿一般也是反复推敲过的，内容质量相对较高。相比于其他的演讲形式，背诵式演讲的表演性较强，其难度在于既要脱稿，又不能错漏。从语言表达状态和处理方法上来说，和朗读基本一致。

（三）提纲式演讲

提纲式演讲是指演讲者依据演讲的主题和结构撰写提纲，借助提纲进行演讲。有提纲作为依据，可以保证演讲内容不偏离主题；不撰写演讲稿，可以给演讲者充足的发挥空间；不用看稿、不受稿件约束，也可以使演讲者有时间和精力与受众进行充分的思想感情交流，并

适时地调整演讲内容。提纲式演讲的灵活性、互动性、真实感强，演讲者可以根据演讲事由、准备时间、自身演讲能力进行适当的准备。初学者可以提前思考主题、观点、结构、目的、预期效果、事例、引文等，演讲者依次列出几个关键词即可；在诸如辩论、研讨、会议等场合，甚至可以根据前置发言者的发言内容，边听边写出简明扼要的提纲。可以看出，提纲式演讲是一种自由度大、实用性强、适用范围广的演讲方式。

（四）即兴演讲

即兴演讲指演讲者在预先没有安排或不知情的情况下，临时被要求或根据表达需求临时进行的一种演讲。即兴演讲是完全脱稿的演讲，既没有时间撰写演讲稿，也没有时间撰写提纲，主要是边想边说。即兴演讲对演讲者的思维能力、文学功底、有声语言表达技巧、应变能力、心理素质、沟通交流能力、记忆力、想象力、知识信息储备量等都有着很高的要求，敢于即兴演讲的人一般都是上述诸多素养综合运用能力很强的人，因而具有较强的说服力和感染力，容易赢得受众的认同，获得最佳的演讲效果。

宣读式演讲和背诵式演讲不属于本课程的教学重点，一般情况下，演讲训练应从提纲式演讲入手，循序渐进，不断提升，向即兴演讲的方向努力。

五、演讲的要求

（一）针对性

演讲一定要有强而准的针对性，什么时间、什么背景、向哪些受众演讲什么内容、要达到怎样的效果、演讲者处于怎样的身份地位，这些在演讲前都必须明确。演讲切忌漫天撒网、自说自话。

（二）逻辑性和条理性

无论是以传递信息为主的演讲，还是以表达情感态度为主的演讲，都要保证内容的逻辑性和条理性。有逻辑的陈述才能让受众信服，才能赢得认同，达到演讲目的；如果逻辑混乱，只会让人觉得不知所云。由于演讲具有即时性，对内容的陈述就更要有条理。条理性不但是逻辑性的保证之一，而且能够增强受众对演讲内容的记忆，使对方能够更加完整地对演讲内容进行思考和判断，提升赢得认同的概率。

（三）规范性和生动性

无论是何种场合和类型的演讲，相比于其他很多有声语言运用形式来说，都是比较正式的，因而要注意语言的规范性。规范性一是要做到措辞用语文明、大方，表达准确；二是要做到普通话标准、流畅。根据演讲的场合、类型、受众、目的，要合理灵活地选择或庄重典雅、或慷慨激昂、或诙谐幽默、或活泼风趣的语言风格。当然，无论哪种风格，都要通俗易懂，避免艰深晦涩，这就是生动性的体现。

(四) 综合性和技巧性

演讲固然是对演讲者多种素养综合运用能力的考验，需要平时积累的各种素养作支撑，但同时也有一定的方法、技巧可以遵循。比如，很多的朗读技巧在演讲中同样适用；在演讲过程中合理地使用修辞手法，可以大幅提升演讲效果，通过排比、递进、顶真（顶针）可以渲染气氛、增强语势，通过反问和设问可以吸引受众的注意力；演讲与写作不同，适合开门见山，最好首尾照应。当然，最重要的技巧还是列提纲等演讲专用的技巧。

第二节　叙述型演讲

叙述型演讲的核心要义是把要陈述的事实清晰、完整地呈现给受众。演讲的具体内容要从两个维度去规划，一是演讲者的维度，二是受众的维度。

从演讲者的维度来看，第一，要明确演讲主题之下有哪些内容可供选择；第二，要明确演讲要达到怎样的目的和效果；第三，根据要达到的目的和效果，对备选内容进行筛选。说得通俗一点，就是"该说的说，不该说的不说"。一般情况下，不管演讲本身有没有直接表达情感态度，实际上都会表达情感态度，只是很多时候演讲者把情感和态度隐藏在了对事实进行陈述的过程中，通过事实引导受众的思维向演讲者要传达的情感态度上靠近。所以，凡是不利于表达情感态度的内容都不选择，有利于表达情感态度的内容较多时，还要选择表达能力强的内容。最典型的就是新闻播报，大量的新闻都是只报道事实、不报道意见，而受众能清晰地体会到新闻内所包含的情感态度。

从受众的维度来看，在选定用于演讲的内容后，要根据受众的特点和接受习惯，来规划演讲内容的具体叙述方式。首先，条理要清晰、简洁明快、通俗易懂，尽可能让受众听一遍就能明白，不用就字面内容进行过多的思考，把主要精力放到听完以后的深度理解和思考上，这样才能保证演讲目的和效果的达成。其次，主题思想要集中，情感态度要旗帜鲜明，这样才能最大程度地降低信息和情感态度在演讲过程中的衰减。最后，选择的内容和表达的形式力求新颖、有吸引力。

叙述型演讲部分将进行两个层级的训练：一是词汇连缀，二是话题描述。

一、词汇连缀

（一）训练形式

每个训练题目会给出三个词语，演讲者进行一段不超过 3 分钟的小型演讲，演讲过程中要将题目中的词汇全部使用到。词汇的使用要均匀，不得集

词汇连缀专用备稿纸

中出现；词汇的出现要自然，不得刻意、牵强。演讲内容要有一定的可听赏性，采取记叙类的体裁形式。题目示例："路灯、雨伞、咖啡"。

（二）训练目的

词汇连缀一般不会在实际生活和工作中用到，但它是最简洁明快且行之有效的训练方式。词汇连缀的训练目的主要有三方面：一是训练围绕核心进行演讲的习惯；二是从牢记关键词开始，训练记忆提纲的能力，从而循序渐进地达到演讲条理清楚、逻辑清晰的状态；三是在不限制话题的前提下，培养筛选演讲内容的能力，尽可能选择新颖的、有吸引力的内容。

（三）方法与技巧

第一步，找出词汇间的联系。一组的三个词语中，必然有两个关系相对紧密一些，一个相对疏远一些。以两个关系较紧密的词语为出发点，思考它们能够出现在怎样的场景或事件中，然后再思考在每个场景或事件中，第三个词语能否出现、如何出现。对可以使用三个词语的场景或事件进行筛选，选择一个自己能够把握，且相对新颖、有吸引力的。

第二步，在选定的场景或事件范围内，围绕三个词语，设计一个相对完整的故事情节或场景。

第三步，设计演讲的方法和顺序，以三个词语为分界点，列出提纲。

第四步，依据提纲练习演讲。

（四）注意事项

第一，演讲的内容永远要控制在自己能够把握的范围内。无论多好的内容，只要自己把握不了，都不能选择。内容的选择应当在自己能把握的范围内遵循就高原则。

第二，练习初期，提纲可以稍微复杂一点，可以由段落大意、嵌入的词语、表达的方法技巧、注意事项、修辞引文等构成，逐渐过渡到短句、短语、词汇。但提纲一定不能写成讲稿。

为了帮助同学们更快地达到训练目的，我们设计了词汇连缀专用备稿纸的模板，供大家在初学阶段使用，请大家结合教材下编中的训练项目完成演讲练习。

二、话题描述

（一）训练形式

每个训练题目会给出一个演讲话题，演讲者进行一段不超过3分钟的小型演讲，内容要与话题相关，具体内容和方向由演讲者自行选定，要有一定的可听赏性，采取记叙类的体裁形式。题目示例："我的妈妈"。

话题描述专用备稿纸

（二）训练目的

话题描述是我们在日常生活和工作中使用频率最高、难度最低的一种演讲形式。很多时候，有人觉得对同样一件事情的有声语言表达，别人说的比自己说的要好得多，其实这往往

是因为别人使用了话题描述的演讲形式，而自己仅仅使用了最普通的日常聊天形式。话题描述的训练目的主要有三方面：一是在限定的话题范围内筛选最优的内容；二是将词汇连缀的训练成果运用到话题描述中，并不断巩固。

话题描述不仅是初学演讲的训练项目之一，普通话水平测试的"命题说话"部分很多题目也是这一类型。

（三）方法与技巧

第一步，对题目中的话题进行解析，思考话题范围内可以就哪些方面进行演讲。

第二步，选定一个方向，设计演讲的内容、方法和顺序。

第三步，根据第二步的设计列出提纲，并提炼出关键词，对提纲进行精简。这一步使用了词汇连缀的方法，并加入了对提纲的精简，目的就是在词汇连缀训练的基础上，进一步练习快速列出简明扼要的实用型提纲的能力。

第四步，依据提纲练习演讲。

（四）注意事项

在话题描述的练习过程中，第一步是关键步骤，也是与词汇连缀最大的区别。话题描述给定的范围比词汇描述要小很多，但是依然有可以选择的空间。很多同学对话题的理解往往有根据字面意思确定一个最直接、最简单的演讲方向的思维定式。如果你觉得这个话题只有一个方向，且一看到题目就马上想到了这个方向，那么你基本就陷入了思维定式。这一步着重锻炼的就是在话题中寻找有价值的演讲方向，从而调动受众的接受欲和主动性，是对观察和思考的细致性、发散性的锻炼。

话题描述和词汇连缀的方法、流程相似度很高，请同学们尝试自己设计话题，描述专用备稿纸模板，并结合教材下编中的训练题目完成演讲练习。

第三节　论述型演讲

论述型演讲不仅要把自己的观点态度明确地告诉受众，更要说明自己的理由，赢得对方的认同。这一点是论述型演讲与叙述型演讲最大的差异。叙述型演讲虽然也带有演讲者的观点和态度，但这种观点和态度是隐性的，以暗中引导的方式进行。表面上演讲者只陈述事实，由受众自己理解和总结，演讲者不直接干预受众的思考，因而受众的观点和态度具有归纳性和发散性。而论述型演讲就不一样了，演讲者要旗帜鲜明地提出自己的观点和态度，并且主动提供自己的逻辑、思路、理由、依据，论证自己观点和态度的正确性，受众一般不用自己归纳总结，只需要进行选择性判断，范围往往被限制在"认同"或"不认同"内，因而体现出选择性和集中性的特点。

论述型演讲的核心要义是让受众接受演讲者的观点和态度，那么演讲的关键就在于选择怎样的观点和态度，以及如何说明理由、自我论证。当然，叙述型演讲的两个维度在论述型演讲中仍然适用。根据日常工作和生活中常见的论述型演讲的内容特点，分为单向型、多向型和话题型三个层级进行训练。

一、单向型

（一）训练形式

每个训练题目会给出一个演讲话题，演讲者进行一段不超过3分钟的小型演讲，方向和内容由演讲者自行选定，要有一定的可听赏性，采取议论类的体裁形式。题目示例："酒香不怕巷子深"。

单向型专用备稿纸

（二）训练目的

单项型不仅是初学演讲的训练项目之一，普通话水平测试的"命题说话"部分很多题目也是这一类型。单向型在生活和工作中运用非常广泛，无论是正式场合还是非正式场合，无论是重要演讲还是日常交流，都会用到。最典型的单向型演讲就是辩论会。

单向型演讲的话题一般不需要演讲者自己去思考论点和方向，话题往往自带位于两个极端的论点，演讲时只能选择其中一个。

（三）方法与技巧

第一步，对话题里自带的两极论点进行判断，看是否含有不可动摇的观点，比如为全社会广泛认可且基本无须质疑的观点、有政治导向性的观点。如果有，则必须遵从它来确定论点；如果没有，可以自由选择一个论点来演讲。

第二步，围绕论点规划分析、论证的提纲。这部分，我们在中学学习议论文时已经学过。叙述型演讲中的关键词列提纲法依然适用。

第三步，准备可以支撑论点的论据。这里的论据包括事实论据和理论论据。

第四步，按照"引—议—联—结"的基本模式进行演讲。

（四）注意事项

第一，论点一定不能选错。论点一旦错误，后面的环节做得再好也是无用功。

第二，论据不用多。一般情况下，事实论据准备1~2个案例即可，理论论据准备1~2个名言警句或文献语录即可。

第三，引出命题、抛出论点后，一定要有"议"的过程，也就是逻辑分析、理论探讨的过程，然后再"联"，很多同学会丢失"议"这个说理的过程。

第四，在"联"的过程中，不能只联系实际给出案例，要用案例中与论点有关的事实说明论点的正确性。案例不需要详细说明，就能够论证观点的部分展开就可以了。

第五，理论论据要少而精，既能够支撑论点，又能够增加文采。演讲毕竟是一种口头表达，还是要以通俗易懂为主，避免生拉硬套和大量掉书袋。

为了帮助同学们更快地达到训练目的，我们设计了单向型演讲专用备稿纸的模板，供大家在初学阶段使用，请大家结合教材下编中的训练项目完成演讲练习。

二、多向型

（一）训练形式

每个训练题目会给出一个演讲话题，演讲者进行一段不超过3分钟的小型演讲，方向和内容由演讲者自行选定，要有一定的可听赏性，采取议论类的体裁形式。题目示例："谈谈你对取消高考文理分科的看法。"

多向型专用备稿纸

（二）训练目的

多向型比单向型要复杂一些，虽然普通话水平测试的"命题说话"部分基本不涉及多向型，或者说基本可以不选择多向型来完成测试题目，但是在日常的生活和工作中，多向型演讲的应用十分广泛。

多向型不像单向型自带位于两个极端的论点，演讲者只能二选一。多向型一般不存在绝对的是非对错，只有一个待解决的矛盾，重点不在于辨明是非，而是探讨解决问题的办法。

（三）方法与技巧

第一步，就话题内容分析问题，找出与矛盾有关的各个方面。这些方面可能是人，可能是某个群体，可能是某些组织机构，甚至还可能是物。

第二步，综合与矛盾有关的各个方面，找出问题的症结。

第三步，梳理矛盾各方面的合理性。多向型演讲的话题之所以不存在绝对的是非对错，是因为各方面都有一定的合理性，但产生交集后就会形成冲突。

第四步，找出各方面的冲突点，分析冲突形成的原因。

第五步，提出解决问题的办法。

第六步，按照上述步骤的逻辑列出提纲，进行演讲。

（四）注意事项

第一，如果把多向型误认为单向型，只选择了与矛盾相关的一个方面作为论点来进行演讲，往往会出现明显的漏洞，难以自圆其说，难以取信于人。

第二，与矛盾有关的各个方面一定要找全，一般应先找到与矛盾直接相关的方面，再找到间接相关的方面，采取从中间向四周的方式，如果找不全，就可能会影响后面的分析判断。

第三，演讲时，语气和措辞应该客观公允。

为了帮助同学们更快地达到训练目的，我们设计了多向型演讲专用备稿纸的模板，供大家在初学阶段使用，请大家结合教材下编中的训练项目完成演讲练习。

三、话题型

（一）训练形式

每个训练题目会给出一个演讲话题，演讲者进行一段不超过3分钟的小型演讲，方向和内容由演讲者自行选定，要有一定的可听赏性，采取议论类的体裁形式。题目示例："公车道德。"

话题型专用备稿纸

（二）训练目的

话题型和前面两种类型的差别在于，既不直接自带两极化的论点，也不直接自带多方面的矛盾冲突。话题型需要演讲者自己在话题所涉范围内选定一个方向来进行演讲，所选定的方向可以是单向型，也可以是多向型。无论是在普通话水平测试的"命题说话"部分，还是日常生活和工作中，都会遇到话题型演讲的需求。

（三）方法与技巧

第一步，梳理演讲方向。看话题中有哪些不同的方向可供选择。

第二步，确定梳理出的各个方向属于单向型还是多向型。

第三步，分析各个方向在演讲中的优劣，选择一个方向。

第四步，选定方向后，按单向型或多向型的流程完成演讲。

（四）注意事项

第一，表面上看，话题型似乎比前两种要复杂很多，但实际上仅仅是多了一个筛选方向的环节，之后的环节都和单向型或多向型一样。

第二，筛选方向时，主要从演讲者对各个方向的把控能力、话题的吸引力等方面进行分析。

第三，有的时候也可以考虑叙述型演讲的方向，但多数情况下以论述型为主。

为了帮助同学们更快地达到训练目的，我们设计了话题型演讲专用备稿纸的模板，供大家在初学阶段使用，请大家结合教材下编中的训练项目完成演讲练习。

拓展阅读

在日常工作和生活中，语言的运用是千变万化的，既要掌握最基本的方法和技巧，也要充分地实践、锻炼，不断积累经验，最终达到游刃有余的地步。同学们要以学习过的类型为基础，充分研究不同场景、不同事由对演讲的需求和要求。在生活中，我们经常会遇到需要作自我介绍的情况，想一想，应该怎样进行一次小型的自我介绍演讲呢？扫码了解一下自我介绍的方法和技巧吧。

课后作业

请同学们扫码获取更多的演讲题目，结合本章内容，使用专用备稿纸，进行演讲练习。然后，请在生活中为自己多找一些话题练习演讲吧。

演讲题目

第五章

普通话水平测试

章前故事

小李是一名电子商务专业的在校生，听刚毕业不久的师兄师姐们说，在应聘过程中，普通话水平测试等级证书挺有用的，于是自己也想考，但是苦于不知道该如何报考。小王所在的学校有普通话水平测试站点，他已经连续三次报名考试了，但是成绩一直不理想，他觉得是测试站的老师有意难为他，于是想换个站点碰碰运气。小刘对自己的普通话水平挺有自信的，认为自己能考到一级甲等，但是他联系到的测试站都只有一级乙等的测试资格，所以他一直没有报考。

【思考】

（1）普通话水平测试应该怎样报考呢？

（2）参加普通话水平测试时是否有需要注意的问题和应试技巧呢？

（3）应该如何定位自己参加普通话水平测试的目标等级呢？

带着以上三个问题，我们进入本章课程的学习和探索，希望同学们在学习完本章知识后，能够顺利通过普通话水平测试，取得满意的等级，为自己未来的就业和发展加强助力。

知识导图

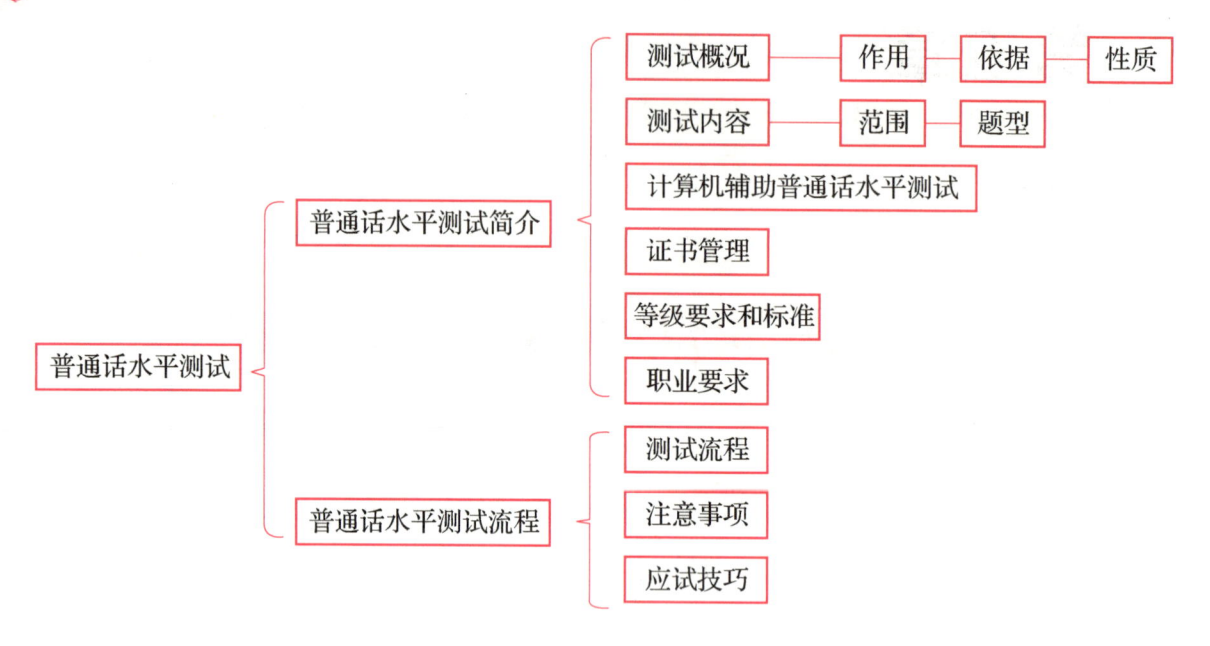

```
                              ┌─ 测试概况 ─── 作用 ── 依据 ── 性质
                              │
                              ├─ 测试内容 ─── 范围 ── 题型
                              │
           ┌─ 普通话水平测试简介 ─┼─ 计算机辅助普通话水平测试
           │                  │
           │                  ├─ 证书管理
普通话水平测试 ─┤                  │
           │                  ├─ 等级要求和标准
           │                  │
           │                  └─ 职业要求
           │
           │                  ┌─ 测试流程
           │                  │
           └─ 普通话水平测试流程 ─┼─ 注意事项
                              │
                              └─ 应试技巧
```

学习目标

知识目标
(1) 了解国家对普通话水平测试的基本规定。
(2) 了解普通话水平测试的具体流程、注意事项和应试技巧。

能力目标
(1) 能够根据自身情况和未来职业发展规划，确定合适的普通话水平测试等级目标。
(2) 能够按照要求规范报考、完成测试，并根据应试技巧合理备考和应试。

素质目标
了解不同行业对普通话水平测试等级的要求，树立职业语言规范性的观念和意识。

第一节 普通话水平测试简介

一、测试概况

（一）普通话水平测试的作用

普通话作为汉民族的共同语，在中国现代社会的交际中起着不可忽视的作用。我国积极推广标准普通话，有利于消除语言隔阂、促进社会交往，对社会、经济、政治、文化建设的发展具有重要的意义。开展普通话水平测试是推广普通话的重要举措，是推广普通话工作走向科学化、规范化和制度化的重要保证。

（二）普通话水平测试的依据

2003年10月，教育部、国家语言文字工作委员会（简称国家语委）联合颁布《普通话水平测试大纲》；2021年11月，教育部印发了修订后的《普通话水平测试管理规定》；2022年2月，国家语委印发了《普通话水平测试等级证书管理办法》；2023年1月，国家语委印发了修订后的《普通话水平测试规程》。以上文件是我国普通话水平测试工作的依据。同时，国家语委进一步完善普通话水平测试系统，提高普通话推广工作的制度化、规范化和科学化水平。

（三）普通话水平测试的性质

《普通话水平测试大纲》规定普通话水平测试测查应试人的普通话规范程度、熟练程度，认定其普通话水平等级，属于标准参照性考试。

二、测试内容

（一）测试范围

普通话水平测试的内容包括普通话语音、词汇和语法，范围是国家测试机构编制的《普通话水平测试用普通话词语表》《普通话水平测试用普通话与方言词语对照表》《普通话水平测试用普通话与方言常见语法差异对照表》《普通话水平测试用朗读作品》《普通话水平测试用话题》。

（二）测试题型

（1）读单音节字词。本测试项共有100个音节，不含轻声、儿化音节，限时3.5分钟，分值10分。测查应试人声母、韵母、声调读音的标准程度。

（2）读多音节词语。本测试项共有100个音节，限时2.5分钟，分值20分。测查应试人声母、韵母、声调和变调、轻声、儿化读音的标准程度。

（3）朗读短文。本测试为1篇短文，按前400个音节评定成绩，限时4分钟，分值30分。测查应试人使用普通话朗读书面作品的水平。在测查声母、韵母、声调读音标准程度的同时，重点测查连读音变、停连、语调以及流畅程度。

（4）命题说话。由应试人从给定的两个话题中选定1个话题，连续说一段话，限时3分钟，分值40分。测查应试人在无文字凭借的情况下说普通话的水平，重点测查语音标准程度、词汇语法规范程度和自然流畅程度。

普通话水平测试以口试方式进行，各省、自治区、直辖市语言文字工作部门可以根据测试对象或本地区的实际情况，决定是否免除"选择判断"这一测试项，目前大部分省市的普

通话水平测试都免除该项。

三、计算机辅助普通话水平测试

从2007年1月起，计算机辅助普通话水平测试在全国多个省市开展试点工作。之后，计算机辅助普通话水平测试及信息管理系统正式应用于国家普通话水平测试。该系统操作方便，能较客观地反映被测人的语音面貌，评分的准确性基本达到《普通话水平测试大纲》的要求。目前全国普通话水平测试已基本实现计算机辅助。计算机辅助普通话水平测试就是由国家语言文字工作部门认定的系统代替人工，对前三个测试项评定分数。（第四个测试项由2位测试员人工评定分数，或由系统和1位测试员同时评定分数。一级甲等测试由测试员人工评定分数。）

四、证书管理

普通话水平测试等级证书是持证人测试成绩达到相应等级标准的凭证，全国通用。等级证书分为纸质证书和电子证书，二者具有同等效力。纸质证书由国务院语言文字工作部门统一印制；测试成绩发布之日起15个工作日内，由国家测试机构向省级语言文字工作部门或者省级测试机构发放等级证书；省级语言文字工作部门或者省级测试机构负责向应试人发放等级证书，发放时间等具体规定由省级语言文字工作部门或者省级测试机构自行确定并向社会公布。电子证书执行《国家政务服务平台标准》中关于普通话水平测试等级证书电子证照的行业标准，应试人可以通过国家政务服务平台查询测试成绩。

因等级证书质量问题、非应试人个人原因造成的信息错误，或者邮寄过程中丢失、污损等情况，应试人可向其参加测试的站点提出更补申请，由省级语言文字工作部门或者省级测试机构汇总报至国家测试机构予以更补。因个人原因丢失、污损的，不予补办，可使用电子证书。因个人原因造成信息错误的，不予更补，应试人应重新报名参加测试。

五、等级要求和标准

普通话水平划分为三个级别，每个级别内划分两个等次。测试成绩在97分及其以上，为一级甲等；92分及其以上，但不足97分，为一级乙等；87分及其以上，但不足92分，为二级甲等；80分及其以上，但不足87分，为二级乙等；70分及其以上，但不足80分，为三级甲等；60分及其以上，但不足70分，为三级乙等。

国家语委1997年12月颁布的《普通话水平测试等级标准（试行）》中关于各等级的具体描述如下：

一级甲等：朗读和自由交谈时，语音标准，词汇、语法正确无误，语调自然，表达流畅。

测试总失分率在3%以内。

一级乙等：朗读和自由交谈时，语音标准，词汇、语法正确无误，语调自然，表达流畅。偶然有字音、字调失误。测试总失分率在8%以内。

二级甲等：朗读和自由交谈时，声韵调发音基本标准，语调自然，表达流畅。少数难点音（平翘舌音、前后鼻尾音、边鼻音等）有时出现失误。词汇、语法极少有误。测试总失分率在13%以内。

二级乙等：朗读和自由交谈时，个别调值不准，声韵母发音有不到位现象。难点音（平翘舌音、前后鼻尾音、边鼻音、fu-hu、z-zh-j、送气不送气、i-u不分、保留浊塞音和浊塞擦音、丢介音、复韵母单音化等）失误较多。方言语调不明显。有使用方言词、方言语法的情况。测试总失分率在20%以内。

三级甲等：朗读和自由交谈时，声韵调发音失误较多，难点音超出常见范围，声调调值多不准。方言语调较明显。词汇、语法有失误。测试总失分率在30%以内。

三级乙等：朗读和自由交谈时，声韵调发音失误较多，方言特征突出，方言语调明显。词汇、语法失误较多。外地人听其谈话有听不懂的情况。测试总失分率在40%以内。

六、职业要求

1994年10月，国家语委、国家教育委员会、广播电影电视部联合下发了《关于开展普通话水平测试工作的决定》，指出有必要在一定范围内对某些岗位的人员进行普通话水平测试，并规定对相应岗位人员，从1995年起逐步实行持普通话等级证书上岗制度。部分省市和行业系统根据实际需要，在符合国家标准要求的基础上，对部分人员的普通话水平达标要求做了细化，进一步促进了普通话的普及，提高了人们对普通话的运用能力。

（1）播音员、节目主持人和影视话剧演员的普通话水平应当达到一级，其中省级广播电台、电视台的播音员和节目主持人应当达到一级甲等。

（2）中小学及幼儿园、校外教育单位的教师普通话水平不低于二级，其中语文教师不低于二级甲等，普通话语音教师不低于一级。高等学校的教师普通话水平不低于三级甲等，其中现代汉语教师不低于二级甲等，普通话语音教师不低于一级，对外汉语教师不低于二级甲等。

（3）国家公务员的普通话水平不低于三级甲等。

（4）公共服务行业的特定岗位人员（如广播员、解说员、话务员等），普通话水平不低于二级甲等。

（5）师范类专业以及各级职业学校与口语表达密切相关专业的学生，普通话水平不低于二级。

一级甲等是普通话水平测试的最高等级，没有经过严格、规范、专业的训练是很难达到的，因此，对于一般行业和职业既不要求达到，也不要求考取。对于普通话水平基础较好或有一定职业需求的人群，应当以一级乙等为努力方向；对于普通话水平基础一般的人群，应当以二级甲等为努力方向；对于普通话水平较差、方言音比较明显的人群，应当以二级乙等为努力方向。

一级甲等证书需要定期复审，一级乙等及以下等级证书终身有效。普通话水平测试可以多次报考，成绩就高认证。

拓展阅读

你阅读过与普通话水平测试相关的法律法规、制度文件（《普通话水平测试大纲》《普通话水平测试规程》《普通话水平测试管理规定》《普通话水平测试等级证书管理办法》）吗？扫码阅读一下，更充分地认识普通话水平测试吧。

课后作业

扫码查阅《普通话水平测试用普通话词语表》《普通话水平测试用朗读作品》《普通话水平测试用话题》，了解一下测试的内容，把对自己来说有困难的内容标记、整理出来，重点练习吧。

普通话水平测试管理规定　普通话水平测试规程　普通话水平测试大纲　普通话水平测试等级证书管理办法　普通话水平测试用普通话词语表　普通话水平测试用朗读作品50篇

普通话水平测试用话题50个　普通话水平测试模拟试卷　《普通话水平测试用普通话词语表》中容易读错的词语　《普通话水平测试用普通话词语表》中不常见的单字　《普通话水平测试用普通话词语表》中部分多音字及其例词

第二节　普通话水平测试流程

一、测试流程

（一）测试报名

普通话水平测试报名分为社会人员报名和在校大学生报名两种情况。

一般情况下，社会人员普通话水平测试报名通过网上报名的方式进行。考生可以通过各省语言文字水平培训测试中心或语言文字工作委员会的官方网站、官方微信公众号查询考试报名通知，按照规定的时间和途径报名。

在校大学生报考由各高校的普通话水平测试站或相应的校内部门组织，考生按照考务人员发布的具体方式完成线上或线下报名即可。

（二）前往考点

考试当天，考生携带身份证、准考证，前往自己报名的考试站点。

（三）信息采集

考生到达考点后，在考务人员的组织下，进入候测室采集身份证和照片信息，采集的照片将打印在普通话等级证书上。采集信息时，将身份证放置在读卡器的读卡区域，然后坐到考务人员指定的位置上采集照片。信息采集成功后，系统会自动进行抽签，随机分配座位号。牢记座位号，然后取回身份证，等候进入考场。

（四）登录系统

考生在考务人员的组织下，按照座位号进入相应的测试机房。进入测试机房后，先关好门，然后戴上耳机。准备好后，用鼠标点击电脑屏幕上的"下一步"，进入人脸识别登录，面对摄像头，将自己的面部完整、稳定地置于取像框内，即可完成登录。登录完成后，界面上会显示考生个人信息，核对正确点击确认，如果信息错误，应告知考务人员。验证通过后，根据界面提示进行后续操作，如果不通过，应告知考务人员。

（五）测试试音

进入试音页面后，考生会听到系统的提示语："现在开始试音，请务必在听到'嘟'的一声后朗读文本框中的个人信息。"提示语结束后，以适中的音量和语速朗读文本框中的试音文字。试音结束后，系统会提示考生试音成功与否，若试音失败，页面会弹出提示框，点击确认按钮重新试音；如果试音成功，页面也会弹出相应的提示框，然后等待考场指令即可。

（六）测试答题

进入第一个测试项时，考生会听到系统的提示语："第一项，读单音节字词，限时3.5分钟，请横向朗读。"听到"嘟"的一声后，考生就可以朗读试卷的内容了。第一项朗读完毕后，点击右下角的"下一题"，进入第二个测试项，并依次完成全部四个测试项。考生依次完成答题后，系统会自动提交，并弹出相应提示框："考试完成，请摘下耳机，安静离开考场。"此时，考生即可离开测试机房。

二、注意事项

（一）报名阶段

普通话水平测试各考点的考试方式、考试流程、考试题库、评分方式、评分标准完全一样，且每个测试项都由计算机测试系统评分，考点间不存在测试难度差异，社会考生就近报考即可，本校有测试站的大学生在本校报考即可。报名时提交的个人信息要认真核对，如有信息错误，会导致无法正常参加考试。报名成功后，应保管好自己的身份证和准考证，如应试时证件遗失，也会导致无法正常参加考试。报名成功后，要按时参加测试，如未按时参加测试，视为自愿放弃测试资格，无法补测，只能下次重新报名。

（二）信息采集阶段

考试当天可以化淡妆，切忌浓妆艳抹。尽量穿带有领子的深色、纯色上衣，如黑色衬衣、蓝色衬衣等。拍照前要将佩戴的项链、领花、耳环、耳钉、头花等饰品全部取下。女生应准备好黑色简易发卡、橡皮筋，固定好刘海和碎发；长发女生应将头发束于脑后，不宜盘在头顶。

（三）系统登录阶段

考生进入测试机房时，不得携带手机等电子设备，不得携带任何书籍、资料、纸张、背包，应将个人物品放在候考室内的指定位置，完成测试后再行取回。进入测试机房后，一定要关好门，避免测试机房外的声音传入，影响考试成绩。考生进入测试机房后，不要随便操作电脑上的软件，也不要随便插拔电脑上的任何数据线，一旦操作有误，会导致系统脱机，无法考试。由于每位考生的身高、体型、坐姿均有差异，人脸识别时，摄像头拍不到全脸导致无法识别的情况时有发生，考生根据现场情况，调整自己的坐姿或摄像头角度，即可完成识别。人脸识别阶段有时间限制，要快速完成，否则会影响考试进程。登录成功后，等待考场指令即可。每个环节都要所有考生完成后，才能集体进入下一环节，过程中要耐心等待。

（四）试音阶段

耳机的麦克风不要贴在嘴唇的正前方，这样会导致呼吸气流声过大，影响考试成绩。应将麦克风置于嘴唇下方或侧方，离嘴唇2~3厘米为宜。

（五）答题阶段

每个测试项目在答题过程中，屏幕下方都会有时间进度条。一般情况下，前三个测试项目朗读完毕后，都会有剩余时间，此时不要等候进度条走完，直接点击右下角的"下一题"，进入下一个测试项。进入第四个测试项后，考生要在10秒内选择说话的题目，否则系统将默认为第一题。确认题目后，考生有30秒的准备时间，听到嘟的一声后再开始答题。答题时，先读出自己选择的说话题目，例如："我说话的题目是'我喜爱的动物'。"注意一定要说满

3分钟，不能提前结束；满3分钟后，系统提示考试完成，即可停止说话；内容没有说完的，不影响测试成绩。

三、应试技巧

（一）通用技巧

普通话水平测试最重要的一个技巧，也是最容易被考生忽视的技巧，就是控制语速。这个技巧对普通话水平测试的四个测试项都有效。一般情况下，对于相同的题目，语速越快，难度越高；语速越慢，难度越低。语速快到一定程度时，本来不会出错的发音也会出现各种问题；语速降下来，一部分问题就可能规避掉。无论是谁，语速快到一定程度，都会引起声韵调的不标准、音节界限的含糊不清，导致机器识别和测试员评分有困难，这无疑是会影响成绩的。尤其是在命题说话中，一旦语速过快，很容易出现脑子还没转过弯、还没想好下一句该说什么，嘴里的话却已经说完了的情况，导致卡壳、中断。语速过快还会导致一些正常的停顿听上去像是中断，从而影响流畅度。由此可见，控制语速这一技巧贯穿整个普通话水平测试。前三个测试项的时间绰绰有余，第四项只限制时间，对内容量没有要求，所以控制语速是有极高的可行性的。

（二）读单音节字词的技巧

在朗读单音节字词的时候，要把每一个音节拉得比平时长一些，音节与音节中间的停顿要明显，这样会使音节更加清晰。

朗读单音节字词，除声韵母的准确度外，考试时一紧张，最容易出现的就是声调调值不够的问题。考生可以在平常练习时养成用手划声调符号的习惯，考试时也这样做，能够帮助考生在初期更好地把握音节的声调，对于阴平调高度不够、阳平调整体偏低或尾音音高不稳、上声调后半部分丢失、去声调起始音高不够等问题，都能起到很好的改善作用，同时还能在一定程度上帮助考生控制语速和停顿，可谓一举两得。

（三）读多音节词语的技巧

读多音节词语时就不方便再用手势表示调值了，这样一来，很多考生就会出现越读越快的问题。解决这个问题可以采取口脚配合的方式，即读一个词语，就用右脚在地面上轻点一下，同时停顿，然后再读下一个词语，这样可以更好地控制节奏。不建议考生用手敲桌面或者拍桌面，以免杂音被话筒录入。

读多音节词语比读单音节字词多一个测评标准，就是语流音变。我们在练习语流音变时都知道，有的音节必须音变，有的音节可以音变，也可以不音变。对于可变可不变的，原则上不要变，避免音变不准。

（四）朗读短文的技巧

普通话水平测试的朗读短文与我们平常所说的朗读和朗诵虽然是同行同向的，但是由于

63

表达目的不同，所以要求上的侧重点也不一样。普通话水平测试重点考查的还是发音是否规范准确，对于朗读技巧不作过高的要求。朗读时，情感方向正确即可，甚至情感相对平淡一些、朗读技巧少一些都是可以的。语速话中即可，不宜过快，也不宜过慢，过快可能会提升难度，影响音节的清晰度，过慢可能会导致超时。

停顿不仅是朗读过程中生理换气的需求，也是表意准确的基础之一，更是一种表达情感、情绪的手段。普通话水平测试的朗读短文不要求考生在朗读过程中设计复杂的停顿，在尊重标点符号的基础上，长句采用有助于语义理解的合理停顿即可。

（五）命题说话的技巧

命题说话对于考生们，尤其是在校生考生们来说，最大的难度在于不知道说什么，导致缺时或出现较多无效语料。很多同学选择了背范文应对的方式，但话题太多，范文无法背熟，考试时一紧张，又会出现忘词的尴尬，即便没有忘词，也很难回避背诵腔。同时，背诵的范文还很容易出现雷同的问题。

从命题说话的测试目的来看，考查的是考生日常运用普通话交流的能力，也就是说，其标准是建立在日常口语交流基础之上的，而非高于日常口语交流各种演讲、表演。明白了这一点，我们就明白了命题说话需要把控的难度区间。从命题说话的评分标准来看，要求考生语音标准、没有方言音和方言词汇、语法正确、口语化表达自然流畅、在规定的时间内围绕选定的话题有效地进行自我表达。明白了以上两点，我们就知道如何有效备考、降低应试难度了。

（1）在日常的练习和备考过程中，对所有测试话题进行分类。将联系相对比较紧密的话题分为一类，提前选定一个说话内容，在抽到该类别的话题时，统一使用这个内容，在实际表达的过程中稍微调整一下言辞即可。通过分类，可以大幅降低话题的数量，再将准备好的内容总结成三四条简单的提纲，熟记于心，应试时就更加胸有成竹了。命题说话一共有50个题目，一般5~8个话题分成一类即可，当然，具体数量由考生根据个人情况自行确定，每一类的个数也没有必要完全一致，只要分成7~10个类别即可，备考的工作量和难度就大幅下降了。

（2）在准备说话内容的时候，一般情况下，尽可能准备陈述性的内容，因为记叙文是绝大部分人最熟悉，也是最熟练的文体。说话的时候可以像讲故事一样娓娓道来，通过时间、地点、人物、事件、场景、想法、对话、情感变化等一系列同学们驾轻就熟的文学元素推动说话的进程，不知不觉间3分钟就说满了，甚至时间到了，内容还远远没有说完，从而顺利完成命题说话。语言表达能力相对比较弱的同学可以准备两个甚至更多的陈述内容，这样安全系数就更高了。对于一些看上去倾向于论述性的话题，也可以调整成陈述性的，来降低难度。无论准备什么内容，主要把握三点即可：第一，选择自己亲身经历的内容，这样不但真实可感，避免了雷同问题，也是自己最熟悉、最好掌握的；第二，与话题相关即可，不必百分之百扣题，这一点与中小学作文不同，这样可选择内容的范围就更大了；第三，不用太难，在满足以上两点的基础上，以简单、好记为宜，以按评分标准圆满完成命题说话为第一要务。

（3）进入命题说话测试项时，电脑屏幕上会有两个话题供考生选择，如果两个话题不属于自己准备的同一个类别，就选择所属类别的说话内容对自己来说更容易、更熟悉、更有把握的题目；如果两个话题属于同一个类别，就选择与说话内容关系更紧密的，这样说起来也更容易一些。话题和内容确定之后，简单整理思路和表达顺序，心中有个提纲即可，测试过程中根据提纲有条不紊地边想边说，不必强求和日常练习时说得一字不差。

（4）完成命题说话时，句式上用简单句即可，不要使用过长的复句，避免出现前言不搭后语或者其他语法错误。在词汇和用语上，尽量口语化，不必用书面性强的词汇、成语、熟语，不必引经据典，也不必用复杂的修辞手法。这既是评分标准的要求，也是降低说话难度的途径，当然，方言词汇是不可以使用的。从表达状态上来说，语速要适中，情感要适度。适当降低语速，也就变相减少了说话的内容量，难度也随之降低。适当地投入情感，会使表达更加自然流畅，使自己更容易进入状态，也能够在一定程度上调节紧张情绪。在表达的过程中，适当使用手势也可以缓解紧张情绪，让自己更加投入、自然、流畅。只要是语句本身需要的，可以出现正常的语气词，如句尾的"呢、吗、啊"。万一说错了，这里的"错"是指跟自己日常练习和准备的内容有出入，只要不是原则性问题，不要回头重新说，接着往下说即可。命题说话不是朗读短文，没有固定文本，只要听上去合理、流畅即可。

拓展阅读

扫码观看《普通话水平测试应试指南》的相关视频，让自己对整个测试流程有一个更加直观的印象吧。

普通话水平测试
应试指南

课后作业

想一想，四个测试项目中，哪个对你来说最难？每个测试项目各有什么困难？根据应试技巧，有针对性地进行练习，为正式测试做好准备吧。

第六章

态 势 语

章前故事

一年一度的学前教育职业技能大赛如约而至,同学们都在老师的指导下精心准备着。根据新的竞赛规程,片段教学(幼儿故事讲述)展示环节和说课环节的评分要求里均提到教态大方,表情自然、丰富、合理、富有童趣。参赛的同学对于新的标准一下犯了难,一时之间不知道该怎样练习。王琳琳同学说:"我光是讲课还挺流畅自然,但是一加动作就容易卡壳,总觉得自己动作很僵硬、不自然。"任倩同学说:"每次说课的时候我都不知道手应该放在哪里,尤其是模拟与幼儿互动时,该用什么样的表情、眼神和动作,我都设计不好。"杜兰兰同学说:"原来我以为讲述只要声音好听就可以,现在发现要真正做到生动形象还真不容易。昨天我在练习讲故事时,一个小老鼠的形象就设计了三个动作,但还是觉得不满意,总感觉不能很好地体现老鼠的形象。"同学们,你们在模拟讲课、故事讲述或幼儿园实习中是不是也遇到过类似的问题和困惑呢?其实这就是不会恰当使用态势语所造成的困扰。

【思考】

(1) 幼儿教师态势语包括哪些内容?

(2) 如何在幼儿园的一日工作中正确使用态势语?

(3) 如何在幼儿故事讲述和教学环节中使用正确的态势语?

带着以上三个问题,我们进入本章课程的学习和探索,希望同学们在学习完本章知识后,能够结合幼儿教师实际教学工作的要求,对幼儿教师态势语有全面的认识和了解,能够自觉树立幼儿教师的行为礼仪示范责任感,并付诸实际行动。

知识导图

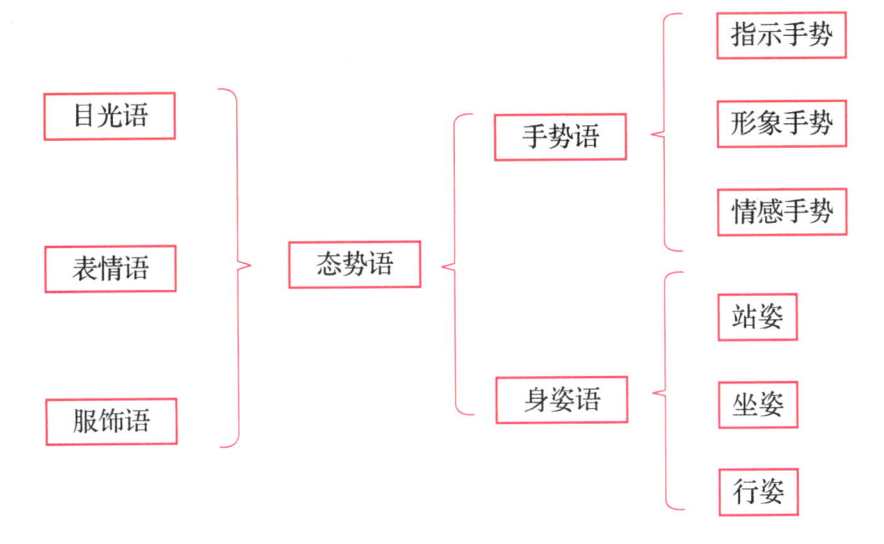

```
                          ┌─ 指示手势
              ┌─ 手势语 ──┼─ 形象手势
              │           └─ 情感手势
目光语 ─┐     │
表情语 ─┼─ 态势语
服饰语 ─┘     │           ┌─ 站姿
              └─ 身姿语 ──┼─ 坐姿
                          └─ 行姿
```

学习目标

知识目标

(1) 了解态势语的概念。

(2) 了解态势语的特点。

能力目标

能够在不同的教育教学环境中综合使用态势语的相关技巧，提高表达效果。

素质目标

树立规范、礼貌的口语交际意识，提高个人职业礼仪修养。

第一节 态势语概述

一、态势语的定义

态势语又可称为体态语，是人们在日常交际过程中运用手势、眼神、微笑、身姿、仪容仪表等非语言因素来传递信息、表达情感态度的方式，在不同职业活动中有不同的要求和表现。

幼儿教师态势语是指幼儿教师用来与幼儿交流思想、表达情感、传递信息、表明态度，

从而有目的、有计划地培养幼儿表达能力的一种无声语言。

二、教师态势语的功能和作用

幼儿教师在与孩子沟通时，恰当地使用态势语，能显著增强语言表达的效果。可以说，没有态势语参与的教育活动几乎是不存在的。教师用好态势语是实现有效的幼儿教育的需要。幼儿由于理解语言的能力弱而模仿能力强，对教师的体态语言非常关注。所以，幼儿教师正确使用态势语显得尤为重要。它是教师与幼儿沟通的一种特殊的无声语言，是幼儿园教育教学的一种独特的辅助工具。除日常的集体活动中经常运用的游戏、故事、儿歌、谜语、音乐、表演等幼儿喜闻乐见的形式以外，在幼儿园的其他教育教学活动中也可巧妙地运用肢体语言，充分发挥其积极作用。

（一）辅助课堂讲授

态势语可以补充和强化口语信息。例如一些指示性的态势语，在对幼儿发出指令或者提醒幼儿进行某项活动时特别有效。想让幼儿安静下来时，教师可双手向下表示停止；幼儿回答问题不正确或做错事时，教师可单手左右挥动表示不对。利用态势语可以节约不少话语和时间，而且生动有趣的肢体语言容易引起幼儿的注意，既能帮助幼儿在与教师的互动中学到知识、增强自信，也能让教师得到更积极的反馈。

（二）调控教学活动

态势语可以在教学的过程中起到领起、暂停、调控音量等作用。比如，在读故事时，教师要充分利用丰富的面部表情和适当的肢体语言，来调控速度、节奏、轻重和高低等。读到表示"愤怒"的意思，就瞪瞪眼；读到活泼、俏皮的地方就噘噘嘴、斜斜眼；身体前倾表示亲切、轻柔；直起身子、昂首挺胸则表示自信、豪迈。这样直观的引导有助于带动学生的情感，让师生之情融为一体，使故事讲述获得事半功倍的效果。

（三）沟通师生感情

当幼儿正确回答问题时，适当运用鼓励的表情，并和大家一起鼓掌祝贺；当幼儿缺乏自信心时，竖起大拇指告诉他们"没问题"。其实，教师一个鼓励的眼神、一句亲切的话语，都能对幼儿的成长起到推动作用。

三、教师态势语使用的原则

（一）针对性原则

态势语的使用既要与说话者的年龄、性别、身份、所处的场合相适应，还要与听话者的心理年龄和情绪相吻合。幼儿在社会交往中最初是以体态语言作为情感的具体表现方式的，年龄越小的孩子，体态语言使用的频率就越高。因此，要根据不同的教学对象和教学内容，选择不同类型的态势语。

（二）适度性原则

态势语受到有声语言和交际环境的制约，使用时要注意把握分寸。例如动作幅度、力度、频率要适度，形式不宜太复杂，要辅助口语表达而不能喧宾夺主。在所有的交际对象中，幼儿是一个特殊的群体，由于其生理和心理的特殊性，与他们交往时，有声语言和态势语都可以适当夸张一些。

（三）自然性原则

态势语应是幼儿教师思想感情和态度的自然流露，要顺其自然，不要为了追求形式而画蛇添足、为了追求风度而机械模仿。态势语要与有声语言融会贯通，随教育教学活动内容和感情的需要而出现，强调临场性，这样才是最自然、恰当的。很多初入职的新手幼儿教师会存在怯场的问题，而怯场势必会造成态势僵硬，所以要多创造当众讲话、讲课的机会，闯过心理关，态势语就会更加自然、大方。

四、态势语的分类

教师的体态是丰富多样的，从不同的角度可以进行不同的分类。从教育效果的角度，可以分成平等型体态、傲慢型体态、亲近型体态、冷漠型体态、感染型体态、示意型体态、回应型体态等。

平等型体态的特征是教师与幼儿交流时弯腰、低头、下蹲等，有时候甚至稍低于幼儿、仰视幼儿，幼儿会感觉老师是与自己平等的，非常在乎自己，没有高高在上的感觉，感情、心理距离很近。

傲慢型体态的特征是教师与幼儿交流时挺直身体，双手抱臂或用手指指点点，目光下视等，幼儿会感觉老师非常厉害，高高在上，感情、心理距离较远。

亲近型体态的特征是教师面带微笑，或拥抱幼儿，或采用抚摸、拉手、摸头、拍背、亲脸、梳头等动作。师生亲密无间，感情、心理几乎是零距离。

冷漠型体态的特征是教师与幼儿沟通时距离较远，通常在1米以上，面无表情，目光冷淡，与幼儿身体无任何近距离接触。师生之间感情和心理距离最远，甚至伤害到幼儿的身心健康。

感染型体态的特征是教师与幼儿沟通时情绪热烈，面部表情传递出积极的信息，动作一般也较为夸张。师生都很投入，感染力强，沟通效果非常好。

示意型体态比较简洁，能让幼儿马上理解，不需要额外的解释，通常有招手、摆手、摇动手指、手指掩口等。

回应型体态是教师对幼儿的言行举止给予反馈的态势语，即判断对与不对、好或不好等，使用极为广泛。常用的有竖大拇指、点头、微笑表示肯定，摆手、摇头等表示否定。

除上述分类外，态势语最常见的是按照形式划分，可以分为服饰语、手势语、身姿语、目光语、表情语。

第二节　态势语技巧训练

一、身姿语

身姿语是指身体躯干的动作。教师的身姿语主要有站姿、行姿、坐姿和蹲姿（图6-1、图6-2）。教师身姿语要与教学活动的形式和内容相匹配。例如在集体教学活动中多用半蹲姿；区角活动时，可坐下或者采用蹲姿，以便更好地跟幼儿交流；进行课程展示或者说课时，可以采取站姿。幼儿教师一定要避免背对幼儿，尽量做到与幼儿正面交流。

图6-1　站姿 　　　　图6-2　蹲姿

【案例】

树叶画

甜甜是幼儿园大班一位聪明可爱的小女孩。有一次老师让所有的小朋友在周末和自己的爸爸妈妈一起捡树叶、制作树叶画，周一拿到美术区进行晨谈活动。甜甜的爸爸和妈妈因为加班，周末没能和甜甜一起制作树叶画，直到周二，甜甜才把做好的树叶画带到幼儿园。当甜甜把树叶画交给班里的张老师时，张老师头也不回地背对着甜甜说："你就放那儿吧。该交

的时候不交，现在交有什么用？"说着还用脚踢开了树叶画。甜甜听了老师的话，伤心地哭了起来，连续好几周都不愿意去幼儿园。

【分析】

教师的一言一行都会影响幼儿的情感，要始终注意用恰当的身姿语去和每一个幼儿交流。一次蹲下来的面对面交流，会让幼儿感到信任和支持，相反，一个冷漠的身影会给幼儿带来很大的伤害。

二、服饰语

服饰是在交际中给人留下视觉印象的一个重要组成部分。它既可以反映一个人的精神气质，也可以反映一个人的文化素养和审美观念。

孩子们喜欢举止大方、亲切活泼、穿着得体的教师。黑格尔有句名言："教师是孩子心中最完美的偶像。"穿着整洁、大方得体，能在一定程度上提高教师在幼儿及家长心目中的地位，颜色亮丽但不刺眼的运动装、设计得体的休闲装等都是比较适合的。例如在一堂体育课上，老师穿了一身休闲运动装和一双运动鞋，这样不管是向孩子们传授新本领，还是和孩子们一起做游戏，都能轻便、自如。相反，如果老师穿了一件挂满小珠子的外套，那么这些小珠子可能不时会夹住女孩子的头发，甚至会划伤小朋友的脸。所以幼儿教师既不能穿得破旧邋遢，也不能穿奇装异服或者袒胸露背，否则不仅会有损幼儿教师的形象，还可能在活动中引发一些不必要的事故。

【案例】

小王老师的烦恼

小王是一位时尚、爱美的老师，但是开学第一天，园长告诉他上班时只能穿园服或者休闲服，不能有任何配饰。小王很委屈："穿衣服是我的自由，为什么还要规定呢？"

【分析】

教师是一种特殊职业，在着装上必须要符合职业要求。幼儿园的园服既符合教师职业形象，又方便幼儿园一日教学活动的开展，在为幼儿树立正确审美导向的同时，也是园所文化的象征。

三、手势语

（一）手势语的定义

幼儿教师在日常工作中使用的手部动作和姿势，主要用于表示形象、传递感情和解释说明。

（二）手势语的类型

1. 指示手势语

指示手势语在教学中用于组织、指导幼儿学习，以及维持教学纪律、引起幼儿注意（图

6-3、图6-4）。由于幼儿年龄小、控制力差，课堂上常出现七嘴八舌的情况，教师大声喊叫、要求幼儿安静的方法是不恰当的，一方面幼儿不一定能听到，一方面会吓到幼儿。

图6-3　指示手势语（提示）

图6-4　指示手势语（指令）

例如教师问："你们的手有什么用处？"一些幼儿叽叽喳喳地说起来，导致教师和其他幼儿都听不清。教师就请了一个安静举手的幼儿起来回答，并竖起大拇指夸他，要求其他的幼儿也向他学习举手发言，课堂立刻安静了。

常用指示手势语包括：竖食指、翘大拇指、强弱拍手。

2. 情感手势语

情感手势语是指教学过程中根据教学情境和氛围的需要，用以表达情感的手势语言，能起到强化教师要表达的思想感情，促进师幼交流，营造积极、愉快、和谐的课堂氛围的作用，在使用过程中要做到恰当、准确。

例如清晨，当一个个天真可爱的孩子从温暖的家来到幼儿园时，为了让孩子体会到老师对他们的亲近感，可以蹲下来拥抱或轻轻抚摸孩子，双手从家长手中接过孩子等。这种行为会使孩子们意识到"老师是喜欢我的，是爱我的"，从而产生"我也爱老师，要听老师的话"的想法，家长与老师间的距离也会一下子被拉进。

3. 形象手势语

形象手势语指教师根据教学目的、内容的需要而运用的直观形象的手势语言。形象手势语一般用在讲解重点或突破难点时，为实现教学目标服务。符合幼儿年龄特点的形象手势语是幼儿园教学的有效手段（图6-5）。

例如教师在授课或者游戏中，可以通过形象手势语模仿各种动物，激发幼儿的情绪。还可用形象手势语生动地解决一些抽象问题，比如学习反义词时，可用手指天花板说"上"，用手指地说"下"。学习诗歌《吹泡泡》"果子是果树吹

图6-5　形象手势语（手指操）

的泡泡，露珠是小草吹的泡泡，雨点是乌云吹的泡泡"时，可以用双手拇指、食指比画小圆圈意指"果子"，比画大圆圈意指"果树"，以此类推，通过手势把事物的抽象关系变得形象可感，使幼儿更易理解诗歌内容。

（三）手势语使用原则

教学活动中不能缺少手势语。教师的手势语要针对具体的教学内容和教学对象，目的鲜明，幅度适中，克服随意性和习惯性，避免让学生产生误解，不要抓耳挠腮、手舞足蹈，手持教科书时不要遮住面部。

【案例】

大拇指效应

淘淘是班里比较顽皮的一个小男孩，总是喜欢在课堂上捣乱、做怪动作表现自己，让老师们头疼不已。一天上音乐课，我教孩子们唱《小雪花》。令我吃惊的是，淘淘不仅学歌学得很快，还自己加了动作。出于教师本能，我用大拇指在他的额头轻轻点了一下以示鼓励。令我惊讶的是，从那天起，淘淘像变了一个人，变得有纪律、听话。通过家访我了解到，淘淘的变化正是因为我那个小小的鼓励手势，他觉得老师是爱他、尊重他和喜欢他的，所以他也想变得更好。

【分析】

案例中淘淘的改变非常大，这种变化正是教师巧妙、恰当地选择了正确的情感手势语所带来的。一个小小的大拇指印记，给孩子带去的是莫大的鼓励和肯定。

四、目光语

（一）目光语的定义

眼睛是心灵的窗户，恰当的眼神"会说话"，丰富的面部表情可以很好地配合语言的表达。口语交际中，目光语的基本做法是目光有神采，保持面对学生，师生眼神互动，以组织课堂教学，不同的目光语可以表达不同的态度和情感，幼儿教师的眼睛应该是会说话的。幼儿常常能够在教师的眼神中找到某些的答案，教师的眼神能够促使幼儿积极的思维发展，引起幼儿爱与恨的情感。在无声的特殊教育环境中，教师的眼神能发挥出无声的特殊功能，因此真诚柔和的目光是师幼交流的最好的桥梁，可以让幼儿读懂教师的赞赏、鼓励、期待、惊奇、惋惜、爱怜等情感。

（二）目光语的类型

1. 按视线方向分类

（1）正视：即直接注视对方，表示认真、坦诚或者关注对方。一般为课上使用。

使用要求：①目光有神采，保持面对学生；②师生眼神互动，以组织课堂教学。

（2）环视：即有节奏地注视不同的人和事物，表示认真、重视、适用于和多人进行沟通。幼儿教师上课时，尤其要多使用环视。

使用要求：①课前环视，使学生集中注意力；②提问之后环视，鼓励学生积极动脑；③监督。

（3）点视：捕捉反馈信息，针对不同对象使用不同的目光点视。

（4）注视：一般用于教育幼儿时。

使用要求：①严肃注视（谈话、批评）；②授课注视。

（5）俯视：表示亲切、关心。幼儿教师在与幼儿沟通时多用此类。

（6）虚视：针对上课好动、自尊心较强、性格敏感的孩子进行提醒。

2. 按情感类型分类

（1）提醒式。

在言语交际过程中，眼对眼可以激起感情，起到情绪交流的作用。一方面，教师可以从幼儿的眼神变化来判断幼儿是否在听讲、是否已经听懂了；另一方面，幼儿可以从教师的眼神中得到暗示和提醒。这种方法通常运用在集体活动和小组活动中。如幼儿在教学活动中开小差或做小动作，甚至影响到其他小朋友时，教师可以用严肃的注视来指出，这样幼儿一下子就能意识到自己的举止不正确，马上纠正自己的行为。在活动中运用提醒式的目光语，能引起目标的注意，使其集中注意力，为组织教学活动做好铺垫。

（2）激励式。

在集体教学活动中使用激励式目光语，可使幼儿感到自己处在教师的"注意圈"里，自然就会看着教师、听教师讲话、想教师的提问，提升发言的积极性。教师通过幼儿的发言，能及时了解幼儿学习和掌握的情况，以便及时调整自己的教学方法。如教师在提出一个问题后，向幼儿传递激励式的眼神："谁来试试看？勇敢点、自信点，说错了也没关系。"这样的眼神能够激励幼儿大胆进行尝试。

（3）期望式。

期望式的眼神能调动一些内向的幼儿，使他们感受到教师是关注他们的，使他们不被冷落。期望式的眼神能够激发幼儿学习的主动性和积极性。在教师无声的支持下，幼儿会渐渐变得更自信、更大胆。

【案例】

科学活动"我们种的小豆子"（大班）

幼儿1："老师，我种的豆子发芽了。"

教师："真的吗？让老师看看。哇，小豆子发芽了！你真能干，把小豆子照顾得非常好！"（表示赞赏的目光）

幼儿2："老师，老师，我的怎么不发芽？是不是死了？"

教师："哦？让老师看看，哎呀，是水浇得太多了，小豆子被淹死了。"（表示惊讶、惋惜的目光）

幼儿2："老师，我错了，是我昨天浇水太多了，把小豆子害死了。"

教师："没关系，你是个很有责任心的宝宝，都怪老师昨天没说清楚，咱们吸取教训，再种一颗小豆子，一起把它照顾好，好不好？"（表示亲切、鼓励的目光）

幼儿2："好！我一定会把它照顾好的！"

五、表情语

教师的基本表情应该是微笑。教师的微笑是一种自信、乐观、信任、鼓舞、谅解的体现，有利于创造宽松的师生交往环境，使学生感受到教师的理解、关心、宽容和激励；有利于构建合作性的同事关系，营造一种积极向上、团结合作的氛围。教师用微笑活跃课堂气氛，启发学生的思维，调动学生丰富的情感共鸣，一定会让教学更有温度。我们应该学会用爱的微笑去征服学生的心灵。

【案例】

月月爱上幼儿园

月月是一个胆小的姑娘，每次上幼儿园都会哭，老师要哄好久才能让月月平复心情。这周一，月月又像往常一样拽着妈妈的衣角不放手。老师看着直摇头，一时间不知道该怎么办。这时园长老师走过来，蹲在月月面前，微笑地看着月月，然后故作神秘地说："哇，月月眼睛里居然有老师，那你看看老师的眼睛里有没有漂亮的月月。"月月听完，认真地看看园长老师的眼睛，突然笑了，大声说："有月月，真的有月月。"从那天起，月月就爱上了去幼儿园。

【分析】

微笑是具有强烈感染力的体态语言。幼儿教师面带笑容地组织教育活动或者与幼儿交流，幼儿就会感到亲切，容易接受教师的教育，使师生关系融洽、教学活动气氛活跃、教学效果好。

总之，幼儿教师正确、积极的体态语言对幼儿非智力因素的发展有积极的影响，能够起到表情达意、示范育人、组织调控的作用。当幼儿因为胆怯而不敢发言时，教师信任的目光和赞美的点头能使孩子得到自信和勇气；当幼儿随意大声讲话时，教师用手指着嘴示意停下，能使孩子认识到自己的错误，又不会伤害孩子的自尊，保护了孩子的心理健康，并使教学活动顺利进行。

拓展阅读

（1）你了解中国古代的手势礼仪吗？扫码看看中华传统文化中的礼仪小知识吧。

（2）你知道幼儿教师的礼仪规范有哪些要求吗？哪些职业法规、政策文件有相关要求呢？扫码一起学习和了解吧。

（3）手势语被广泛运用于幼儿表演和手指操中，成为幼儿园教师组织语言教学活动的主要形式。扫码观看幼儿园老师们有趣的儿歌手指操表演吧。

中国古代手势礼仪　　幼儿教师基本礼仪要求　　儿歌手指操（10首）

课后作业

（1）请分享你在学习生涯中见过的老师们使用的态势语，并举例说明态势语在教育教学中的作用。

（2）请大家列举出自己在组织教学活动或者讲故事时，设计使用态势语的主要问题和困惑。

（3）对照教材，找出自己在仪容、眼神、姿态动作等方面的不当态势。

第七章

幼儿故事讲述

章前故事

小张刚从一所高职学校的学前教育专业毕业,来到所在市的长颈鹿幼儿园小班担任配班老师。三个月的实习期马上就要结束,园长告诉她,如果要转正,就需要进行一次技能展示。小张认为讲故事比较简单,于是草草选择了经典童话《灰姑娘》。但是在讲故事的过程中,她发现孩子们对她选的故事根本不感兴趣,许多孩子甚至站起来去玩自己的玩具,每当她想提问题时,孩子们也纷纷摇头表示听不明白。这让小张越来越紧张,原本熟悉的故事也不断卡壳。结果可想而知,她没有顺利转正。

【思考】

(1) 小张选择的故事孩子们为什么不爱听?
(2) 针对不同年龄阶段的幼儿,该如何选择合适的故事?
(3) 在故事讲述前,需要做哪些准备?
(4) 在讲故事的过程中,需要注意什么?

带着以上四个问题,我们进入本章课程的学习和探索,希望同学们在学习完本章知识后,能够结合幼儿教师职业技能的要求,对幼儿故事的讲述技能有全面的认知和了解,能够根据幼儿的年龄特点选择适合他们的故事,将讲好中国幼儿故事、传承红色基因作为自己的使命,并付诸实际行动。

知识导图

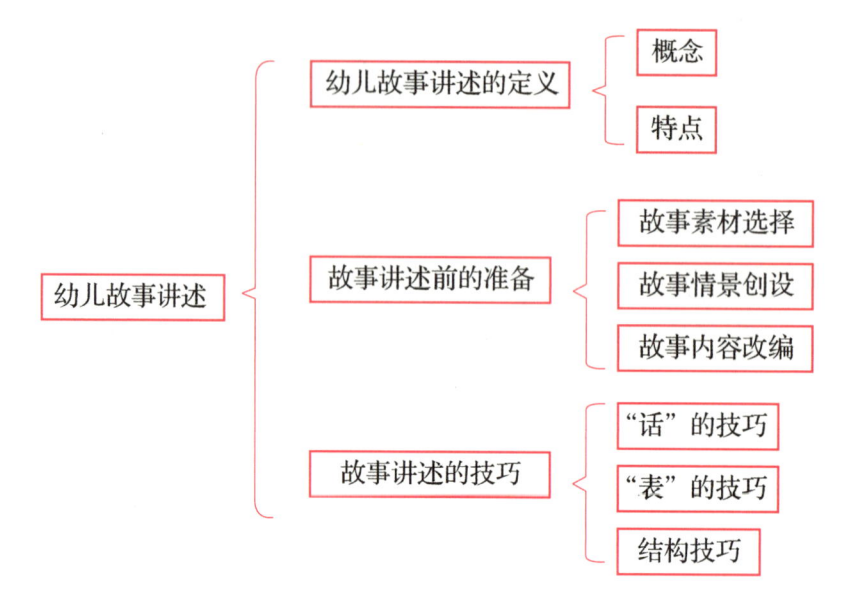

```
                          ┌─ 幼儿故事讲述的定义 ┬─ 概念
                          │                    └─ 特点
                          │
                          │                      ┌─ 故事素材选择
            幼儿故事讲述 ─┼─ 故事讲述前的准备 ─┼─ 故事情景创设
                          │                      └─ 故事内容改编
                          │
                          │                      ┌─ "话"的技巧
                          └─ 故事讲述的技巧 ───┼─ "表"的技巧
                                                 └─ 结构技巧
```

学习目标

知识目标
（1）了解讲故事的步骤、方法。
（2）知道讲故事的基本要求。

能力目标
（1）熟练掌握讲故事的方法和技巧。
（2）能够绘声绘色地讲故事。

素质目标
（1）明确讲故事在幼儿园教育教学活动中的重要作用和意义。
（2）通过学习和训练，掌握讲故事的基本技能，进一步提升职业语言素养。

一、讲故事的定义

讲故事就是把我们看到的、听到的或自己编的故事，用口语绘声绘色地讲出来。由于故事情节生动、语言活泼，容易被幼儿感知和吸收，所以讲故事是寓教于乐的有效手段，是对幼儿进行教育的极好形式，可以陶冶其情操，丰富其情感体验，还能带给幼儿无限的身心愉悦。在幼儿园保教工作中，讲故事是实施语言教学最基本的手段，是幼儿教师的基本功。

二、讲故事的基本要求

（一）教育性

讲故事可以寓教于乐、潜移默化地使听者轻松愉快地受到启发和教育，使人开阔眼界、活跃思维、学到很多有益的知识。婴幼儿阶段的孩子们最容易接受的学习方式就是听故事，著名的教育学家孙敬修先生说："一个生动故事的教育作用要比单纯的要求、命令、说教效果好得多。"幼儿教师要善于选择富有教育意义的故事，并巧妙地嵌入日常教学活动中，让讲故事成为教育的重要手段。

（二）趣味性

讲故事在材料选择和语言表达上，都非常讲究趣味性，注重情节曲折、形象鲜明、语言生动、讲述波澜起伏而引人入胜。趣味性是讲好故事的根本所在。幼儿的注意力容易分散，平淡无味的故事难以吸引他们的注意力。其实对幼儿来说，听故事仅仅是为了得到快乐。因此，一个好的幼儿故事，应当让小朋友听了以后发出笑声、感到愉快。如果幼儿对故事有了兴趣，就能积极参与教学活动，教师就能轻松地完成教学任务，达到教学目标。讲故事的趣味性主要体现在动人的情节中，例如《会打喷嚏的帽子》中一群老鼠偷帽子的过程、《猫小花和鼠小灰》中猫和老鼠的结局、《没有牙齿的大老虎》中狐狸给老虎拔牙的计划等。这些或激动人心、或美妙动人的故事情节会像磁石一样吸引幼儿。

（三）表演性

讲故事要求声情并茂，要有一定的夸张性和艺术表演性，语音要抑扬起伏、张弛有度，并辅以恰当的面部表情和身姿手势，使故事栩栩如生、活灵活现，达到良好的艺术效果。为了把故事中的人物形象、事件和环境逼真地呈现在孩子们面前，教师应该积极营造故事的氛围感，以引起孩子们的联想和想象，使他们如闻其声、如见其人、如临其境。不同的语音语调、丰富的神态表情、夸张的动作等，不仅能吸引幼儿的注意力，同时也给幼儿进行了故事讲述的示范，为幼儿将来的语言表达奠定了基础。

（四）再创性

讲故事不是照本宣科、机械背稿的过程。教师既可以对原作进行措辞上的改动，也可以根据需要对内容构成进行调整，因此讲故事是一种再创作。技能大赛的评分标准中提到，应该在讲述的过程中根据提供的故事内容进行合理加工，运用一定的语言技巧，动作、表情符合角色形象。因此，讲故事要先进行改编，尽可能增加儿童化的生活素材和语言，注意语速、节奏、语调和语气的变化，肢体动作要配合故事内容，符合故事中的人物形象。

三、故事讲述前的准备

（一）根据需要，灵活选材

1. 选择有利于幼儿身心健康，最好是具有教育意义的故事

适宜的素材是讲好故事的前提。从内容上来讲，要选择思想观点正确、内容新鲜健康、符合幼儿身心发展要求的作品。从艺术方面来讲，选择的故事要具有儿童文学的美学特质，首尾完整，情节引人入胜。

2. 选材要符合幼儿的年龄和心理特点

幼儿的发展与年龄的关系非常紧密，不同年龄段的幼儿思维有很大差异。

（1）3~4岁的小班幼儿年龄尚小，认知水平较低，应该选择内容单纯、情节简单、形象生动的故事，如《小猫过生日》《拔萝卜》等。

（2）4~5岁的中班幼儿理解水平逐步提高，可以选择与幼儿生活联系紧密的故事、情节稍曲折的中外经典童话故事，如《懂礼貌的小白兔》等。

（3）5~6岁的大班幼儿自我控制能力增加，想象力丰富，情节生动、篇幅较长的童话故事、历史故事、神话故事、寓言故事都可以选择，也可以适当增加一些科普故事，如《小蝌蚪找妈妈》。

3. 选择深浅适度、符合幼儿心理的故事

（1）情节要有趣，形象要生动，能吸引幼儿的注意力。

（2）叙事方法和表现手法符合幼儿的思维特点。

（3）语言要浅显、生动、朗朗上口，幼儿易于接受。

（二）对故事素材进行合理的加工和处理

选好故事的基本材料后，还要根据讲述时间长短和听众特点，对材料进行必要的加工处理，可以从文本和语言两方面入手。

1. 名称加工

有些故事中的人名、地名太多，孩子听起来容易混乱，也记不住。在讲述时，可以把不必要的人名、地名去掉或变换一下，也可以用故事中人物的特征来给人物命名，加深幼儿对故事内容的印象。比如《小兔子乖乖》中，可以用"长耳朵""短尾巴""红眼睛"来替换"老大""老二""老三"，这样听起来就更形象了。

2. 口语加工

调整句式，把书面语改成口语，部分书面语可与口语相结合，或者对部分书面语加以解释，使语言既适宜幼儿接受，又有利于提高他们的语言水平。例如"狐狸对乌鸦嘴里那块肉垂涎欲滴"，可以调整为"乌鸦看见狐狸嘴里那块肉，馋得直流口水"。

3. 形象化加工

合理想象，在不篡改原意的基础上，把一些平铺直叙改编为人物的内心活动和对话。例如，故事里说："小花狗看到小青蛙，叫他一块儿出去，小青蛙不肯上岸，要到泥里去睡觉。"可以扩充为——小花狗一看见小青蛙就喊："小青蛙！小青蛙！"小青蛙把头从水里伸出来："什么事呀？""小青蛙，这么冷的天，别在水里游泳了，上来跟我一块儿玩去吧！"小青蛙一听，呱呱呱地笑起来："小花狗，我不是游泳，我是要到泥里睡觉，明年春天再见吧！"

4. 具体方法

（1）添枝加叶。

幼儿图画故事以其独有的图文结合的魅力，备受幼儿教师和孩子们的喜爱，越来越多的图画书出现在幼儿园的语言教学活动中。图画故事的一些内容只出现在图画中，文字上并没有体现，幼儿教师在讲述时，可采用添枝法对故事进行加工。

还有一些故事的文字内容简单，语言平白、不生动，无法吸引孩子们的注意力和兴趣。例如《老山羊和大灰狼》的节选——老山羊绵绵在爬山的过程中摔了一跤，来到一个山洞里，碰到了刚要出门的大灰狼。大灰狼说："我现在饿着呢，绵绵你就当本大王的点心吧！"说着便冲向老山羊。

这时候教师就可以根据故事内容，增加一些情节和人物对话充实故事。狼看见跌落在洞里的老山羊，高兴得跳了起来，心想："哼，以前天天吃果子，肚子里一点油水也没有，难受死了！今天运气好，正好可以吃点羊肉。"于是大灰狼拍拍自己的肚皮，伸着红彤彤的舌头对老山羊说："我这会儿实在太饿了，虽然你也没有几两肉，但是可以当我的饭前点心。"说着就伸出锋利的爪子，向老山羊猛扑过去。

故事讲述卡	
故事名称	《老山羊和大灰狼》
主要人物	老山羊、大灰狼
主要情节	老山羊爬山—掉进洞里—遇见狼—机智巧妙地与狼周旋—脱险
增加内容	1. 环境 2. 人物对话 3. 情境
讲述效果	

（2）修枝剪叶。

有些故事内容很精彩，情节很有趣味性，可是篇幅太长，不适合特定的时间和场合。对于这些故事，我们可以修枝剪叶，保留主要情节，删掉次要情节，让故事变得更加精练、简

短、紧凑，同时也更加符合幼儿的接受能力。例如：

故事讲述卡	
故事名称	《猎人海力布》
主要人物	海力布、龙女、小白蛇
主要情节（思维导图）	得宝石　　　劝乡亲 救龙女　　闻灾情　　变石头
删减内容（举例）	原文：在我国的一些地区，流传着一个动人的民间故事。从前有一个猎人，名叫海力布。他热心助人，每次打猎回来，总是把猎物分给大家，自己只留下很少的一份，大家都非常尊敬他。 → 改后：从前有一个猎人，名叫海力布。他热心助人，大家都非常尊敬他。
讲述效果	

（3）化深为浅。

故事文本一般都是由儿童文学作家创作的。作家创作作品时常常注重故事内容的完整性、故事情节的生动性和趣味性，有时会忽略叙述语言的口头性。因此，讲述幼儿故事有一个书面语到口语的转换过程，要将成人化和书面化的语言改为儿童化、口语化的语言，使故事材料更适合讲述。幼儿年龄小，词汇相对比较匮乏，理解能力较弱。这就决定了教师在使用语言时应当避繁就简，选择涉及范围较小的词汇和句法结构较短的句子，不使用幼儿理解困难的专有名词、抽象词语和长句、复合句等。

例如寓言故事《乌鸦和狐狸》中的一段话："上帝不知怎么的，赏了乌鸦一小块乳酪。乌鸦躲在一棵枞树上，它好像已经安顿下来，准备享受它的口福了。"这段话中有几个词语都是幼儿不易理解的，幼儿教师如果按照原文给幼儿讲述，书面化的语言会使幼儿难以理解。如果将其改为通俗的口语，如"乌鸦从上帝那里得到了美味的点心，它悄悄躲在一棵树上，把点心放在自己的窝里，准备享用它的午餐"，孩子们就会听得非常清楚明白。

(三) 认真分析故事

给幼儿讲述前，教师要认真阅读故事，熟悉和理解故事的内容，分析故事情节的开端、发展、高潮、结局，特别要抓住故事的高潮。还要分析角色的性格特征和作者倾注其中的感情，以准确地掌握故事的中心思想，明确教育目的。找出故事的重点段落和重点句、重点词，提出帮助幼儿理解的问题。

另外，分析角色时还要注意区分角色之间的细微差别，在讲述中表现出不同的动作、表情、语言特征等。

(四) 根据教学环境，设计不同类型的故事讲述活动

幼儿园一日活动中，很多场合都会涉及故事讲述，不同时间和场所对故事讲述的要求也有所不同。教师为幼儿选择故事应有计划，根据教育教学的需求，每月、每周做好安排，而不是毫无计划地找到什么故事就讲什么故事。同时，了解听讲故事儿童的认知范围是很重要的，过去的经验（比如是否见过河、海、湖，是否见过刺猬、松鼠等）能够帮助他们了解新的知识，教师应从幼儿熟悉的东西出发，将新的故事与他们旧的知识相结合。

1. 晨间活动时间

在晨间活动时间，教师可以根据晨间活动的主题安排，选讲一个幼儿感兴趣的故事。

2. 教育教学活动时间

在集体教学活动中，教师可以根据幼儿近期的兴趣或者教研主题的安排，选择一些情节丰富、语言生动的幼儿故事，例如《没有牙齿的大老虎》。在教育教学活动中讲故事，应该充分考虑幼儿的参与性和互动性。

图 7-1 为童话故事活动《没有牙齿的大老虎》教学实录截图；

图 7-2 为绘本故事阅读活动《月亮的味道》教学实录截图。

图 7-1　童话故事活动《没有牙齿的大老虎》

图 7-2　绘本故事阅读活动《月亮的味道》

3. 午间睡觉前

在这个时间段讲故事，教师应该考虑幼儿情绪和情感需要，选择语言优美、情节舒缓的故事，起到安抚幼儿情绪的作用。也可以通过讲述故事，让孩子们了解幼儿园的午睡环境，适应幼儿园的作息规律，养成好的睡眠习惯，例如绘本故事《嘘，午安》。

4. 游戏活动时间

游戏是幼儿最喜欢的活动，也是最基本的活动。教师如在游戏中融合适宜的故事，幼儿活动的积极性会更高，如果游戏安排得当，还会起到促进理解故事内容、激发幼儿说话欲望的作用。例如在故事《龟兔赛跑》的讲述前，可以安排音乐模仿游戏，鼓励幼儿自由模仿、创编乌龟和兔子的动作，激发幼儿的兴趣。在讲述完之后，可以组织幼儿进行赛跑，让幼儿体会到故事中"坚持"的含义。这样不仅能够激发幼儿参与游戏活动的兴趣，也使幼儿对语言的学习和运用获得了更宽松、自然的环境。

图7-3为健康领域绘本《嘘，午安》的扉页和正文。

图7-3 《嘘，午安》

四、讲故事的技巧

（一）创设情境的技巧

提前熟悉故事，并营造讲故事的氛围。教师在讲故事之前，让幼儿安静地坐好，教师站或坐的位置要让所有幼儿都能看到教师的脸。

进入情境才能表现情境，教师要创设与故事情境类似的真实生活场景，充分利用幼儿园的室内外环境，选择合适的时间，为故事的讲述布天然的景，如讲述《艾玛捉迷藏》这个故事时，教师可以把讲故事的时间安排在幼儿室外活动的时候，地点选择在小花园中。这样就创设了与故事中的场景类似的现实景象。教师一边讲故事，一边像艾玛一样和幼儿在花园里玩捉迷藏的游戏，可以让故事深入人心、终生难忘。

教师还可以巧用教具（手偶、头饰、音乐等）作为辅助材料，创设虚拟的情境，让幼儿体验故事中的快乐，如讲述《桃树下的小白兔》这个故事时，教师可以让幼儿用不同材料制作"桃花信"，并送给自己身边的同学，让孩子们在了解故事情节的同时，体会分享的快乐。

总之，教师可以选择多种手段创设情境，让故事的氛围像一个无形的苍穹，把文本、幼儿和教师融为一体，形成师幼共情的效果。

（二）"话""表"兼顾的技巧

"话"指讲故事的人用口语叙述故事的情节和内容。"表"指讲故事的人运用自己富有感情色彩的声音、姿态、动作、表情等，把故事中人物的性格、思想感情形象地表达出来，把故事发生、发展的环境气氛渲染出来。讲故事是为了把主题思想传达给幼儿，达到教育目的，因此要有足够的感染力。感情是讲好故事的关键，感情越充沛、鲜明，感染力就越强。

1. 怎样"话"

（1）语言要口语化。

教师在给幼儿讲故事的时候，一定要了解幼儿的思维水平、语言水平和知识水平，尽量选择幼儿能听明白的话语，让语言生动、明白，充满浓郁的生活气息。

（2）掌握好语气和语调。

由于大部分幼儿故事中都有比较多的角色，教师在讲述故事的过程中，应该注意每个角色的塑造要做到亲切、自然、吐词清楚、感情丰富，模仿力求逼真，体现不同角色的性格特点。可边讲边问，帮助幼儿理解内容、丰富词汇、激发思维，使幼儿如临其境、如闻其声、如见其人。

（3）处理好语速和节奏。

教师给幼儿讲故事，除了语言要准确生动，速度、停顿和声音的高低要掌握好，还要掌握好故事层次，用语调的轻重缓急、抑扬顿挫的变化把这种层次表现出来，把故事讲得富有节奏感，才能使幼儿更深切地感受故事内容和艺术美。幼儿故事的讲述节奏有以下几种类型：

①欢快型：语调多扬少抑，语音多轻少重，有一定跳跃性，语流轻快活泼，故事重点处的基本语气、基本转化比较轻快。

【案例】

小熊住山洞

夏天到了，小熊戴着一顶太阳帽，高高兴兴地走进树林，看着一棵棵大树，说："啊！树上开满了鲜花，我舍不得砍。"大树们乐呵呵，熊爷爷笑眯眯。秋天到了，小熊披着一件毛衣，高高兴兴地走进树林，看着一棵棵大树，说："啊！树上结满了果子，我舍不得砍。"大树们还是乐呵呵，熊爷爷还是笑眯眯。冬天到了，小熊围着一条围巾，高高兴兴地走进树林，看着一棵棵大树，说："啊！树上站着许多小鸟，我舍不得砍。"大树们一样乐呵呵，熊爷爷一样笑眯眯。

【分析】

这一篇小故事在节奏上整体是轻快的。这种节奏是这篇故事的具体内容、具体情感决定的，是每一个语句的具体含义和表达样式决定的。因此，要表达小熊在看到四季的美景后不舍得砍树的感情，节奏应轻松、活泼。

②低沉型：语调较压抑，声音偏暗偏沉，停顿多而长，语流沉缓，故事重点处的基本语气、基本转换也偏于沉缓。

【案例】

去年的树

一只鸟儿和一棵树是好朋友。鸟儿坐在树枝上，天天给树唱歌。树呢，也天天站着听鸟儿歌唱。

日子一天天过去，寒冷的冬天就要来了。鸟儿要离开树，飞到南方去了。

树对鸟儿说："再见了，小鸟！明年你回来，再唱歌给我听。"

鸟儿说："好。我明年一定回来，给你唱歌，请等着我吧！"鸟儿说完，就向南方飞去。

春天来了，原野上、森林里的雪都融化了，鸟儿回来找她的好朋友了。

可是，树不见了，只剩下树根留在那里。

③舒缓型：语调多扬，语音多轻松、明朗，气息畅达，声音清亮，语气比较轻柔徐缓，故事重点处的语气也以舒缓为主。

【案例】

不怕冷的大衣

下过雪，又刮风，天好冷啊！小白兔躲在被窝里睡懒觉。"快起来，快起来，我的小乖乖。"兔妈妈叫小白兔起来。"不起来，不起来，起来要冻坏。"小白兔怎么也不肯起来。

兔妈妈想了想，忽然自言自语："唉，天也真冷，要是穿上姥姥家那件不怕冷的大衣，那就太好了，冻不着，还冒汗呢。"

听了妈妈的话，小白兔跑呀、跑呀，到了姥姥家，额头上都冒汗了。

兔姥姥看见小白兔，心里可高兴了，拣了个挺大的胡萝卜给他吃。

小白兔说："我不要吃胡萝卜，我要穿大衣，不怕冷的大衣。"兔姥姥呆住了，想哪有什么不怕冷的大衣呀？

"妈妈说的，您给我做了一件不怕冷的大衣，穿上它，冻不着，还冒汗呢。"

兔姥姥想了想，明白了："小乖乖，看你头上汗滋滋的，不怕冷的大衣不就穿在你身上吗？"

小白兔想了想，也明白了。

④紧张型：语调比较多变，语音多重少轻，语速快，气较促，故事重点处的基本语气、基本转换都比较急。

【案例】

会打喷嚏的帽子

魔术团里有一位老爷爷，老爷爷有一顶奇怪的帽子。他朝帽子吹一口气，里面就会变出许多好吃的东西来,有糖果、蛋糕,还有苹果……"嘿!把这顶奇怪的帽子偷来,该多好呀!"这话谁说的?是几只耗子说的。晚上,他们就悄悄地溜到老爷爷家里去了。老爷爷正睡着呢,那顶奇怪的帽子没放在柜子里,也没放在箱子里,在哪里呢?就盖在老爷爷的脸上,但是大家谁也不敢偷。"好啦,我看还是叫小耗子去偷最合适,他个子小,脚步又轻。"大耗子挤挤小眼睛说。"吱——"小耗子害怕地尖叫起来,"我不去,我害怕,我怕'呼噜'。你们没听见,奇怪的帽子里藏着一个'呼噜',它叫起来,地板、窗户都会动的,吓人!"

大耗子生气了,摸摸长胡子说:"好啦!好啦!都是胆小鬼,你们不去,我去。等会儿我偷来了帽子,变出许多好吃的东西来,你们可别流口水。"

【分析】

教师在讲述故事时,应该对角色进行有效的分析和设计。大耗子的奸诈、霸道、蛮横和狡猾,小耗子的胆小、怯懦、犹豫、害怕,其他耗子的哗众取宠、互相推诿,都是非常具体、形象的。可以根据角色的性格,变换语气、语调和节奏——大耗子语气蛮横,语调比较高,语速快;小耗子的声音比较小、说话打颤。

2. 怎样"表"

(1) 从声音变化上"表"。

在故事讲述中,教师可以根据故事中角色的性别、年龄、体型特点、情感、性格等多个方面,变换相应的声音。

(2) 用态势来"表"。

在故事讲述中,教师可以借助恰当的态势语(表情、手势、身姿等)对角色形象进行塑造。

(3) 用拟声来"表"。

在故事讲述中,应该多用拟声词语和有声的语言表演,这样角色的形象感就会很强,更容易吸引幼儿的兴趣。

【案例】

唱歌比赛

有一天,小鸡、鸭子、小狗、小羊和小猫比赛唱歌,它们请小白兔做裁判员。

小鸡第一个唱:"叽叽叽,叽叽叽。"小白兔说:"小鸡唱得太轻了。"

鸭子接着唱:"呷呷呷,呷呷呷。"小白兔说:"鸭子唱得太响了。"

小狗说:"我来唱。"它很快地跑到前面,唱:"汪汪汪,汪汪汪。"小白兔说:"小狗唱得太快了。"

小羊说:"我来唱。"它慢吞吞地走到前面,唱:"咩——咩——咩。"小白兔说:"小羊唱得太慢了。"

最后,轮到小猫唱。小猫不慌不忙地走到前面,唱起来:"喵,喵,喵。"小白兔说:"小

猫唱得不快也不慢，声音不小也不大，好听极了，小猫应该得第一名。"

【分析】

这几种动物是幼儿生活中很常见的，是他们熟悉的事物。讲述时要注意：

①要掌握好叙述语言和角色语言语气、语调的区别。

②角色语言中，小鸡声音尖、细，鸭子声音沙哑、洪亮，小狗声音快速、洪亮，小羊声音细、柔、慢，小猫声音细、长、尖，而裁判员小白兔的声音应干脆、坚定。

③肢体语言上，应特别注意双手的不同造型对这六个角色形象的体现，并且还要刻画出小鸡的轻——胆小、羞涩，鸭子的响——大胆、无所谓，小狗的快——豪爽、泼辣，小羊的慢——胆怯、温柔，小猫的不慌不忙——悠闲自若。

（三）处理好故事结构的技巧

1. 开头的技巧

开一个好头很重要。想将幼儿的兴趣一下子调动起来，就必须有新颖的开头，如用猜谜形式开头："头戴大红帽，身披五彩衣，夜来它不叫，清早催人起。"幼儿很快就能猜出是"公鸡"，听故事的兴趣就被激发起来了，然后告诉幼儿："今天讲的故事名字叫《爱美的小公鸡》。"教师还可以用提问、模仿动物的叫声等形式开头。

2. 结束的技巧

故事讲到临近结束时，可以停一下，让幼儿自己猜想故事的结果，允许有多种不同的猜想，这样可以使幼儿的想象力得到发展。故事结束时，要对故事的内容进行概括，讲清故事体现的道理，帮助幼儿理解故事的内涵。也可以先试着让幼儿自己去概括故事内容，教师在此基础上进行补充。如果能激发幼儿把听过的故事再讲给别人，就会获得更好的效果。

【案例】

猴儿吃西瓜

猴王找到了一个大西瓜，可是怎么吃它呢？这个猴子啊，可是从来也没吃过西瓜的。

忽然，它想出一条妙计，于是把所有的猴儿都召集来，对猴儿们说："今天我找到一个大西瓜，这个西瓜的吃法嘛，我是知道的。不过我要考验一下你们的智慧，看你们谁能说出西瓜的吃法。要是说对了，我可以多赏他一份儿；要是说错了，我可要惩罚他！"

小毛猴一听，搔了搔腮说："我知道，吃西瓜是吃瓤儿！"猴儿王刚想同意。"不对，我不同意小毛猴的意见！"一只短尾巴猴说，"我清清楚楚地记得，我和爸爸到姑妈家去的时候，吃过甜瓜。吃甜瓜是吃皮，我想西瓜是瓜，甜瓜也是瓜，当然该吃皮啦！"大家一听，觉得有道理，可到底谁对呢？于是都不由得把目光集中到一只老猴子的身上。老猴子一看，觉得出头露面的机会来了，就清了清嗓子说道："吃西瓜嘛，当然……是吃皮啦。我从小就吃西瓜，而且一直是吃皮。我想我之所以老而不死，也正是由于吃了西瓜皮的缘故！"

有些猴子早等急了，一听老猴子也这么说，就跟着嚷起来："对，吃西瓜吃皮！""吃西瓜吃皮！"猴王一看，认为已经找到了正确的答案，就向前跨了一步，说道："对！大家说的都对，吃西瓜是吃皮！哼，就小毛猴崽子说吃西瓜是吃瓤儿，那就叫他一个人吃，咱们大家都吃西瓜皮！"于是西瓜被一劈两半，小毛猴儿吃瓤儿，大家伙儿共分西瓜皮。

有只猴子吃了两口，就捅了捅旁边的猴子说："我说，这可不是滋味啊！""咳——老弟，我常吃西瓜，西瓜嘛，就这味儿……"

【分析】

这篇故事如果单独看，线索是非常简单的，但是听众在听故事的时候一定会有这样的疑惑："猴王的西瓜是在哪里找到的？最后猴子们找到吃西瓜的正确方法没有？"这些内容在原本的故事中是没有交代的。教师在讲述故事时，应该精心设计开头的问题，并适当与幼儿进行互动，将开头的悬念补充完整。在故事结束后，也可以让幼儿说说猴王和小猴到底谁的吃西瓜的方法是正确的。这样不仅丰富了故事内容，也增强了和幼儿的互动感。

拓展阅读

（1）幼儿教师在讲故事时应该注意哪些事项？

（2）不同类型的儿童故事在改编的时候有不同的要求，扫码了解一下吧。

（3）在学前教育技能大赛中，幼儿故事讲述有哪些具体的评分要求？扫码了解一下吧。

不同类型故事改编要求　　讲故事中应该注意的事项　　学前教育专业技能大赛——讲故事评分标准

课后作业

（1）你认为作为一名幼儿教师，应该如何提高故事讲述能力？

（2）除课程中所讲的内容外，你还知道哪些讲故事的技巧？请分享给小组同学。

第八章

幼儿教师职业口语

章前故事

　　幼儿园的王丽丽老师正在给孩子们上一堂美术活动课，课程内容是画仙人掌。王老师首先让孩子们观察一下仙人掌的样子。这时亮亮大声说："仙人掌身上的刺是它的嘴巴吧，上面有水珠，它一定是在喝水。"涛涛说："不对，仙人掌的刺是它的皮毛，可以用来遮挡风沙，防止动物们吃掉它。"平时最爱看书的坤坤说："仙人掌的刺其实是它的叶子。"还有的小朋友伸手要把刺拔下来，看看它到底是什么。一时之间，孩子们议论纷纷，最后都把目光投向了王老师，希望老师能给他们一个答案。王老师这下犯了难，仙人掌的刺确实是它的叶子退化形成的，但是该怎样给孩子们讲清楚呢？

【思考】

（1）面对孩子们的提问，作为教师，你该如何回答？
（2）在日常教学活动中，怎样做到儿童化的语言表达？
（3）一名合格的幼儿教师应该具备怎样的职业口语能力？

　　带着以上三个问题，我们进入本章的学习和探索，希望同学们在学习完本章知识后，能够了解幼儿教师职业口语的特点和要求，并且在日常的教学实践中自觉运用规范、科学、生动形象的儿童化语言，为未来成为一名合格的幼儿教师打好基础。

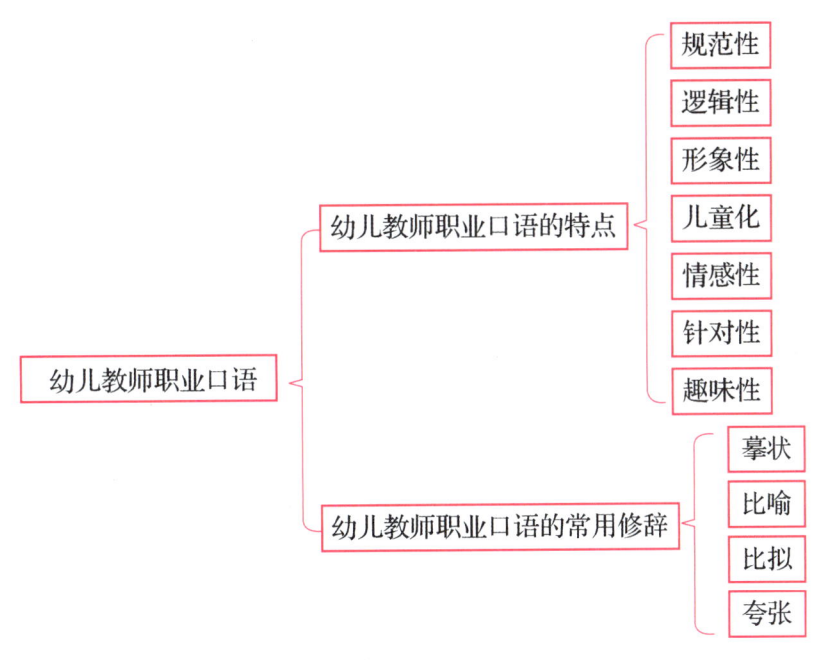

知识导图

- 幼儿教师职业口语
  - 幼儿教师职业口语的特点
    - 规范性
    - 逻辑性
    - 形象性
    - 儿童化
    - 情感性
    - 针对性
    - 趣味性
  - 幼儿教师职业口语的常用修辞
    - 摹状
    - 比喻
    - 比拟
    - 夸张

学习目标

知识目标

(1) 了解幼儿教师职业口语的含义。

(2) 理解幼儿教师职业口语的特点和内容。

(3) 掌握幼儿教师职业口语的基本表达技巧。

能力目标

能够在日常的教育教学中熟练掌握和运用幼儿教师职业口语的基本技能。

素质目标

自觉开展语言规范训练，提高语言修养，培养良好的语言表现力。

第一节 幼儿教师职业口语概述

一、幼儿教师职业口语的定义

幼儿教师职业口语是幼儿教师在教育教学活动中使用的工作语言，是幼儿教师实施教育

教学过程中最基本、常用的手段，是幼儿教师从事特殊劳动的重要工具。幼儿教师职业口语要求教师用标准的普通话进行表达，同时要符合教育教学的一般原理和幼儿的心理特征及其认知发展规律。

幼儿教师的工作对象是幼儿，他们认识的字很少，接受教育、获取知识的主要途径是成人的口耳相传，在幼儿园主要是老师的言传身教。作为幼儿成长的引领者与陪伴者、幼儿学习活动的支持者与合作者，幼儿教师是幼儿亲近和信赖的人，幼儿教师的口语表达水平直接影响着幼儿的成长与进步，特别是学习能力和情感、智力的发展。3~6岁的幼儿正处于语言学习的关键时期，他们主要通过模仿来丰富自己的词汇、发展自己的语言，而教师的语音、语气、语调等正是幼儿直接模仿的对象。因此，良好的职业口语素养是幼儿教师高质量完成教育教学任务的基础和前提。

幼儿教师职业口语运用于幼儿园的保育教育、家长沟通和宣传工作等方方面面，也贯穿于教育教学、游戏活动和生活照料等教师日常工作的全过程。幼儿教师职业口语内容丰富、形式多样，主要包括教学用语、教育用语和工作交际用语。

二、幼儿教师职业口语的特点

口语是教师传道、授业、解惑的重要工具，教师职业口语具有教育性、启发性、科学性、规范性和针对性等特征。幼儿教育相对于其他教育而言，口语运用得更多，作用也更重要。针对3~6岁儿童的心理发育特征，幼儿教师职业口语除具有教师口语的共性特征外，在某些方面又显出其独特之处，也比一般教师口语要求更高。因此同其他行业和职业所使用的语言相比，幼儿教师职业口语有以下几个方面的基本要求：规范性、逻辑性、形象性、儿童化、情感性、针对性和趣味性。

（一）规范性

规范性是指幼儿教师职业口语应当遵守国家的规定，在语音、词汇和语法等方面符合全国通用的普通话的规范。2001年1月1日起施行的《中华人民共和国国家通用语言文字法》第十条规定："学校及其他教育机构以普通话和规范汉字为基本的教育教学用语用字。"

幼儿园的幼儿心智尚未健全，基本不具备辨识能力，理解能力弱，模仿能力强，语言学习主要靠模仿。如果在这一阶段，教师给幼儿做出了不恰当的示范或指导，那么幼儿很可能会在将来出现语言障碍，或者形成不良的语言习惯。科学实验证明，幼儿期是语言发展的关键期，这一时期，幼儿的语音模仿能力强，词汇量增加速度快，口语理解和表达能力发展迅速，而且大部分是通过观察和模仿得来的，因此教师的语言是幼儿有声语言的楷模。幼儿教师良好的语言能力会对幼儿语言发展起到积极的促进作用，反之，则可能产生消极的影响。例如教师在教学中坚持说普通话，有利于幼儿学习普通话、养成用普通话回答教师问题的习惯；但如果在活动中使用方言，则可能降低幼儿学习普通话的热情；如果经常读错字音、语

病较多、口头禅泛滥，天长日久，则会对幼儿产生消极的影响。

1. 语音标准

幼儿教师的普通话语音要求标准或基本标准，声母、韵母、声调的发音正确，重音和语流音变的运用自然、恰当，不能有明显的方言口音，还要掌握常用字的正确读音，避免读白字。幼儿在学习语言的过程中，首先是从声音上加以模仿，教师若给幼儿做出了错误的语音示范，很可能对孩子产生终生影响。因此，幼儿教师口语的发音要响亮，吐字要清晰，做到轻重得当、抑扬顿挫，让幼儿听清楚教师在说什么、是怎样说的，才能准确地模仿学习，养成良好的说话习惯。

【案例】

被读错的窗户

幼儿园老师指着识字卡上的图片对孩子们说"窗（chōng）户"，反复读了很多遍。小幼儿们有的跟着读，有的捂嘴偷笑，还有的拉长调读"窗（chuāng）户"。一堂课就这样被打乱了。幼儿们为什么这样做呢？

【分析】

不难看出，大部分幼儿对于老师是信任和崇拜的，老师怎么读，他们就怎么读。教师普通话不标准，幼儿就会跟着学，甚至会扰乱课堂气氛（由于叛逆心理和情绪感染）。有的幼儿坚持自己的判断，小朋友之间就会产生分歧，乃至互相调侃。这就要求教师在教学活动中做好发音示范，强化幼儿语言的标准性。

2. 用语恰当

幼儿教师说话时使用的语汇要准确、规范，不能使用方言词汇（如把"什么"说成"啥"）和未经国家有关部门认可的网络词汇（如"肿么""萌萌哒"等），也不能生造词语（如"小朋友们，我们来'设造'一个小房子"）或使用不规范的儿童语（如"吃饭饭""睡觉觉"），否则会给幼儿传递错误信息，造成幼儿学习的混乱。

【案例】

老师的喜爱

一位非常前卫的老师对幼儿说："哇，小朋友，你们好好可耐（可爱），我好好稀饭（喜欢）你们。"

【分析】

这位老师为了凸显自己的时尚前卫，运用了当下流行的网络词语，但是对于幼儿来说是陌生的，不仅听不懂，更重要的是会受到不正确的用语的影响。

3. 语法规范

幼儿教师职业口语应做到语句通畅，符合现代汉语语法规范，避免出现成分残缺、搭配

不当、词类误用、语序失调等不规范现象，同时还要避免使用方言句式。教师语句通畅，才能言传身教地指导幼儿完整、清晰、正确地表达思想。

（二）逻辑性

逻辑性是指幼儿教师职业口语符合事物的客观规律，具体表现有：

1. 教学思路清晰

教学思路清晰与否取决于教师对教学活动的设计是否做了必要的准备，是否通过备课和钻研教材对教学活动目标和环节做到了心中有数。对教学内容、指向和过程都有了清楚的认识，口语才能按照既定的方向导入教学中去，不会思路凌乱、不知所云。

【案例】

科学活动"请你摸一摸"（小班）

教师："请小朋友摸一摸桌上的棉花球和玻璃球，捏一捏有什么感觉。"

幼儿："玻璃球滑滑的，捏不动。棉花球软软的，能捏动。"

教师："捏得动叫软，捏不动叫硬。谁告诉大家玻璃球和棉花球是软的还是硬的？"

……

教师："现在请你们再摸摸砂纸，摸到有砂的一面是什么感觉？摸它的反面又有什么感觉？"

幼儿："这面砂纸粗粗的、糙糙的，反过来那面滑滑的。"

教师："滑滑的就叫光滑，粗粗的就叫粗糙。砂纸有砂的一面是粗糙的，反过来那面是光滑的。"

【分析】

通过让幼儿亲自感知，激发他们进行表达。在这一过程中，教师始终在用语言指导幼儿的思维与表达，当幼儿说到玻璃球"捏不动"、棉花球"能捏动"时，教师巧妙地插进了"硬"和"软"的概念，既使幼儿自然接受，又能准确、科学地概括上述两种物质的性质。

2. 教学线索缜密

在教学中，按照知识的由浅入深和幼儿思维发展的由简单到复杂安排教学过程，各环节之间要具有紧密的逻辑联系，才会衔接紧凑、缜密严谨。

【案例】

科学活动"动物真有趣"（大班）

教师："什么是动物？"

幼儿："会爬会走的都叫动物。"

教师："鱼不会爬、不会走，只会在水里游，而鸟会飞，它们是不是动物？"

幼儿："它们是动物，因为它们会活动。会活动的都叫动物。"

教师:"飞机也会飞,那它是不是动物?"

幼儿:"飞机自己不会飞,是人开动的,它没有生命,不是动物。"

教师:"对了,能自己活动的生物才叫动物。"

【分析】

这段朴素、明快、简洁的教学是一段具有紧密内在联系的语段,教师提出的几个问题紧紧围绕动物的定义而设计,先让幼儿认识到动物的一个特点,然后进一步发问,让学生把会爬、会走的特点扩大为"会活动",接着再通过一个问题澄清模糊认知,最后说出动物的定义。这种由具体到一般的归纳顺序,充分体现了教师教学语言缜密的逻辑联系。

3. 讲解简洁、精确

在解释概念、讲解技巧时,首先要明快简洁,多选用口语化的词语,不用晦涩艰深的词语,选用的词语应没有言外之意,没有比喻义、象征义;多用短句,不用或少用关联词语和修饰限制性词语。其次要通俗精确,准确把握知识的内在结构,抓住关键词和要点。

【案例】

科学活动"神奇的纸棒"(小班)

在活动过程中,教师发现一个小朋友将事先准备好的纸棒放在嘴边说话,便对其他幼儿说:"刚才老师看见金一冰小朋友把小嘴巴对准纸棒在说话呢,现在我想请你们每个人找一个好朋友,一个对着纸棒说话,另一个用小耳朵听,听听你的好朋友说了些什么。"幼儿玩了一会儿后,教师提问:"小朋友们都听到各自好朋友说的话了吗?"幼儿们纷纷抢着回答,教师总结道:"这个长长的、圆圆的、空心的纸棒能把我们说的话传出来,我们给它起一个名字,叫传声筒。"

【分析】

教师在这里给传声筒下的定义虽然不是特别严谨、科学,但是用"长长的、圆圆的、空心的"三个定语就把传声筒的基本要素概括了出来,帮助幼儿归纳了零散的日常生活经验,促进了幼儿思维水平的提高。

4. 句子完整,句意贯通

缺少主语、谓语或宾语的句子可能会造成幼儿的理解困难。上下句之间和相连的几个句子之间要有语义上的衔接,形成有一定中心的句群。如果没有语义的贯通,就会让幼儿感到困惑、抓不住重点。

【案例】

科学活动"认识家畜"(中班)

教师:"牛、马、羊、猪住在一间房子里,为什么呢?噢,因为它们都有四条腿,有蹄子,有尾巴,能生小牛、小马、小羊、小猪,还能喂奶,又都是家里养的。它们有共同的特

点,所以让它们住在一起,我们管这样的动物叫家畜。"

【分析】

教师从这四种动物的共性推导出了家畜的概念,在讲述中使用了幼儿容易理解的语句,用词规范、准确,整段话条理清楚、语义明确。

虽然幼儿的逻辑思维尚处在发展阶段,理解和判断能力有限,但这并不意味着幼儿教师的教学口语可以随心所欲,因为含混不清、模棱两可的语言对幼儿缺乏吸引力。

总之,教师在使用语言时,要注意内容的科学性和表述的逻辑性,这样才有利于幼儿掌握正确的信息、理解教师的指导性语言,促进幼儿逻辑思维的发展。

(三)形象性

教师口语的形象性是指善于创造直观形象,唤起幼儿对具体事物的真切感知。幼儿的思维方式以形象思维为主,更容易理解和接受直观、生动、具体的形象,并借助形象来认识事物。因此,幼儿教师的教学口语必须具有形象性。在学习活动中,教学口语是引导幼儿思维活动的主要外因。形象性语言可以激发幼儿积极的联想和想象活动,诱发幼儿参与学习活动的兴趣。

1. 描述具体、细致

在幼儿学习活动中,教师应该注意选用能够描述出事物的大小、形状、颜色,事情发展的经过、原因、结果,人物形象的表情、动作、语言、心理活动等具体细致的语言。

【案例】

艺术活动"有趣的画像"(大班)

教师出示达·芬奇的作品《自画像》请幼儿欣赏。

教师:"这是达·芬奇老爷爷。你们看他长什么样子?"

幼儿A:"是个外国老爷爷。"

幼儿B:"额头宽宽的,满脸都是皱纹。"

幼儿C:"头发、胡须长长弯弯的。"

幼儿D:"眼睛看起来很大,眼睛两边还有许多皱纹。"

幼儿E:"他的嘴巴紧紧地闭着。"

教师:"你们觉得达·芬奇是一个什么样的人?是从哪里看出来的?"

幼儿A:"他皱着眉头,感觉好像在动脑筋想事情。"

幼儿B:"他额头宽宽的,应该很聪明,我奶奶说额头宽的人很聪明。"

幼儿C:"他的眼睛好像很认真地看着什么东西。"

【分析】

在以上的幼儿学习活动中,教师不以传授者自居,而是贯彻师幼互动原则,引导幼儿认

真观察、细致描述，充分感受艺术作品。

2. 运用多种修辞手法

修辞能够从某种角度反映客观事物的属性、联系及其发展规律。教学口语中灵活、恰当地运用修辞手法，可以把呆板变为活灵活现，把深奥变为简单易懂，调动幼儿的注意、想象、联想、情感等心理活动。教学口语运用的修辞手法有比喻、拟人、夸张、对比、引用等。

【案例】

艺术活动"可爱的大象"（中班）

教师："我先说个谜语，请小朋友猜猜是什么动物，把它画在纸上。身体高大像房子，鼻子长长像钩子，牙齿长长像刀子，耳朵宽大像扇子，四条粗腿像柱子，尾巴细小像辫子。"

幼儿："是大象！"

【分析】

教师连用六个比喻，把大象的整体形象和局部特征说得具体而生动，便于幼儿感知。特别是当说到"像房子""像钩子"时，语气要加强，吐字要清晰，这样才能激发孩子的想象，也能给教师口语平添几分趣味，增强表达的效果。

3. 语言有动态感

幼儿的天性是活泼好动的，根据这一心理特点，教学时要多用动态词语。

【案例】

社会活动"眼睛会说话"（中班）

教师一边操作卡片"眼睛和心情"，一边扮演眼睛进行自述："我在生气的时候会瞪着眼睛，高兴的时候会眯着眼睛，伤心的时候会垂下眼睛流泪，惊奇的时候会睁大眼睛，注意听讲时眼睛会一动不动，害怕的时候会闭上眼睛。"

在教学过程中，教师要运用动态词语并配合适当的眼神和动作，吸引幼儿的注意力。

【分析】

优秀教师的语言魅力就在于能够化复杂为简单、化抽象为具体、化平淡为神奇，激发幼儿的学习兴趣，引起幼儿的注意，使幼儿调动各种感官去联想、想象、回忆，产生如临其境、如闻其声、如睹其色、如见其人的感觉。

（四）儿童化

幼儿的审美思维和心理与成年人差别比较大，有自己独特的审美能力和表达能力。例如：幼儿会认为鸭子冬天也能在水里游泳，是因为穿了防水的羽绒服；小兔子眼睛红，是因为娇气爱哭。因此教师在与幼儿沟通时，应该选择符合幼儿年龄特点和认知水平的语言，这样才能满足幼儿的心理和情感需求。教师恰当地使用儿童化口语，可以使深奥的知识变得浅显易懂，使艰苦的学习过程变得轻松愉快，使幼儿在润物细无声中获得知识。儿童化口语指幼

教师的口语表达浅显易懂、生动形象，充满儿童情趣，易于为儿童所理解。在言语形式上的特点有：多用语气词、象声词，语气亲切，语调略显夸张，词汇浅显，多用短句、单句，语法结构简单。这里要注意的是，儿童化不是要求教师模仿幼儿的语气说话，而是要求恰当准确地使用符合幼儿心理、语言习惯和接受水平的规范化口语。

1. 具体要求

（1）浅显易懂，符合幼儿的理解水平。幼儿的语言理解能力和应用能力还处在初始水平，所以幼儿教师口语在词语和句式的选择上都要从幼儿的年龄出发，运用幼儿能够理解的词汇和能够听明白的句式，力求通俗明白、浅显易懂。在词汇的选择上，多用具体可感的名词和动词，少用表示抽象意义的词汇，使用形容词、副词时也要选择幼儿常见、易于理解的词语。

【案例】

反语批评

教师："你真行，大家喜欢的布娃娃都被你抢来了，别人还能玩吗？"

【分析】

幼儿不明白教师是在批评他，也就认识不到自己的行为是错误的。教师不要使用具有隐喻意味的词语或反语，以免造成孩子的误解。

（2）富有童趣，符合幼儿认知特点。幼儿心智发育尚未健全，思维与成人不同，认识、感受事物的方式也有其独特性。他们探索世界的主要途径是游戏，常常沉浸在自己的主观世界中。由于生活经验的限制，幼儿对事物的认识往往是片面的、幼稚的，语言也常常具有"孩子气"。此外，幼儿的注意力水平较低，新鲜有趣的事物才能引起他们的关注，因而和幼儿交流时，教师的语言要生动活泼、充满趣味，才能够激发幼儿的兴趣；要用幼儿能够理解又感兴趣的表达方式，吸引他们关注教师话语的内容，让他们在积极愉快的情绪中接受教师传递的信息。

【案例】

送玩具回家

区角活动结束了，在老师的招呼下，小朋友们都把手中的玩具送回玩具柜收好，只有佳佳还沉浸在游戏中，拿了好多玩具放在身边。这时候，老师并没有用命令的语气让佳佳收拾玩具，而是把装玩具的整理箱推到佳佳面前说："天要黑了，玩具幼儿园放学了，看，送玩具们回家的汽车来了。佳佳，让你的小鸭子、小狗熊上车吧，要是它们赶不上车，不能回家，该多着急呀！"佳佳听了老师的话，连忙把身旁的玩具一个一个收到了玩具整理箱里："你们快回家吧，明天再跟你们玩儿！"

【分析】

老师用游戏的方式，让佳佳将心比心地理解小鸭子、小狗熊不能按时回家的着急，因势利导，劝说佳佳及时收拾玩具，使得佳佳快乐、主动地配合老师的要求，说服效果非常明显。

（3）准确、规范，不可轻率。有些教师在跟幼儿交流时，喜欢用"饭饭""果果"等叠音词语，容易对幼儿的语言学习产生误导，不利于幼儿词汇的积累；又如，两个幼儿因对"有没有会飞的鱼"这个问题争论不休而请教老师，可该老师对鱼类知之不多，便信口说了没有。两个幼儿的争论是停止了，但此后，在他们的知识体系里，所有的鱼类就都不会飞了。因此，表达准确、规范，对幼儿教师来说也是必不可少的要求。

（4）浅显、明白。由于幼儿年龄小、阅历浅、知识面窄、掌握的词汇量少，因此，词汇的选择和句式的运用一定要具体形象、浅显易懂。例如，一位教师在讲完《小蝌蚪找妈妈》的故事后，问小朋友："谁能告诉老师，小蝌蚪是怎样演变成青蛙的？"这一问，卡壳了，小朋友们不知道该怎么回答。于是教师赶快纠正说："哪个小朋友来说说小蝌蚪是怎样一步一步地变成小青蛙的？"

（5）形象生动，富有感情。教师和幼儿之间并不是冷冰冰的知识传授关系，而是人和人的关系，因此必然需要感情的沟通。只有用充满情感的语言，才能化解幼儿心中的疑惑，稳定幼儿情绪，激发和鼓励幼儿积极的情感表达。

【案例】

张口与闭口

老师在班里给小朋友上课，可总有两名小朋友低头说话，不注意听讲。这时候老师没有批评说话的孩子，而是笑眯眯地侧着耳朵说："让我听听，是哪只小蜜蜂在嗡嗡嗡地采花蜜？"说话的两个孩子立刻停下来，开始专心听课。生动形象的语言会带来意想不到的效果，这就是教育的艺术。

另一位老师正在上音乐课，教室里飞来一只燕子，小朋友们全都被燕子吸引，叽叽喳喳地讨论起来。老师没有生气，而是轻轻按按琴键说："小朋友们，瞧我们的歌声多好听，把燕子都吸引来了，让我们一起给燕子唱首歌吧。"孩子们听完都兴奋起来，把注意力转向老师，开始认真唱歌，优美的歌声回荡在教室里。

2. 表达技巧

（1）意象具体。幼儿的词汇量较少，常通过形状、声音、色彩等直观的印象进行思考，因此，儿童化口语应多用结构简单的短句，在句中适当加入语气词、拟声词，使句子富于变化。

【案例】

绘画活动"秋天的果子"（中班）

教师A："秋天到了，果子成熟了，今天我们就来画画秋天的果子。"

教师B："秋天到了，果园可漂亮了，果树上挂满了大苹果，红彤彤的。摘一个，闻一闻，哇，真香！今天老师就带大家到果园画画，好不好？"

【分析】

A教师的表达简洁却无趣；B教师则运用了叠音词"红通通"和语气词"哇"等，把幼儿们带到了秋天美丽的果园，激发了孩子们画画的兴趣。

（2）形象生动。适当运用比喻、比拟、夸张等修辞方法，可以把深奥的道理浅显化、抽象的概念形象化，使表达更生动，以此来打动幼儿的心灵，激发他们学习的兴趣。

【案例】

小桌子变干净

午饭环节结束，幼儿们都准备去午睡了。张老师看了一眼饭桌，发现桌子上还有撒出来的饭粒、菜、油渍和汤汁。张老师叫住所有的小朋友，故作神秘地说："咦，老师听到小桌子在哭，它说'我的脸好脏好臭呀，全是饭粒、菜渣和油渍，快要不能呼吸了，谁来帮帮我'。小朋友们，小桌子是我们的好朋友，我们是不是要帮它变干净呀？"听完张老师的话，小朋友们一下子就明白了，纷纷和张老师一起擦桌子、打扫卫生。教室里重新变得干净整洁。

【分析】

案例中的教师对幼儿的错误行为没有直接进行批评，而是结合幼儿的心理特点，采用拟人化的手法，巧妙借助形象化的语言，让幼儿注意保护、关心物品。

（五）情感性

幼儿教师职业口语的情感来源于浓烈的职业热情：热爱纯真的幼儿、热爱教师职业、对幼儿充满期望，这样才能以忘我的情怀、饱满的情绪、亲切的话语面对全体幼儿。情感性就是教师在幼儿学习活动中必须充分调动自己的情感，使教学口语充满强烈的感染力。在幼儿学习活动过程中，教师的任务不仅是传递现成的知识，还要通过与幼儿之间的互动，丰富幼儿的生活经验和学习经验。要用具有鲜明的情感色彩、强烈的感染力和鼓动性的教学语言，去拨动幼儿的心弦，引起他们内心世界的共鸣，才能获得理想的教学效果。富有强烈情感色彩的教学口语，不仅会影响幼儿的知识水平、智力水平，也会影响他们的人格结构。

1. 用充满积极情感的语言去激发幼儿参与活动的热情

教师要注意选择使用富于情感表现力的词语、句式，流露出真诚、丰富的情感，调动幼儿的兴奋、热情等积极情感。

【案例】

科学活动 "认识水果"（小班）

教师引导幼儿进入角色："水果丰收啦，许多小动物要去摘果子，大家多快乐啊！请小朋友们把动物的头饰戴上，我们也去找找水果在哪里吧！"

【分析】

小班幼儿的情感非常容易受外界影响，教师可以使用"丰收啦""多快乐啊"这样表现情

感的句子，营造欢快的活动气氛。

【案例】

美术活动"闪烁的星星"（中班）

教师："这么美丽的星星，好想把它们都留在身边。你们能帮帮我，让我天天都见到小星星吗？"

幼儿A："把它摘下来嘛！"

幼儿B："做一个小星星呀！"

幼儿C："我觉得可以把小星星画在纸上，这样就能天天看到它们了！"

教师："好吧，我们一起来把自己心中最美的小星星画下来。"

【分析】

"想把星星留在身边"是教师根据教学需要表现出的情感，孩子当然乐于为教师出谋划策；用"心中最美的"引导孩子去发现生活中的美。

2. 用语音、语调、节奏、态势语传情达意

语音悦耳动听，语调愉快柔和，节奏明快、富于音乐美，会让幼儿得到美的享受；面露微笑，是进入幼儿情感世界的"通行证"。教师要善于运用语气的轻重缓急、语调的高低曲直、节奏的快慢起伏，表现丰富的情感变化。

3. 激发幼儿奋发向上的激情

教师对幼儿正确的回答和富于创造性的举动，应该用热情洋溢的话语加以肯定和赞扬，同时，配合微笑、点头、注视及抚摸、拍头等态势语，让幼儿感受到教师的体贴、关爱和信任。

【案例】

晨检谈话活动 "书的本领"（大班）

教师："小朋友们都喜欢看书，说说你们都从书上学到什么了。"

幼儿A："我看书学做了黄的海星。"

幼儿B："我做了绿的水草。"

幼儿C："我捏了五颜六色的小鱼。"

教师："真棒啊！如果把它们放在一起，再加上别的海洋生物，就成了美丽的海底世界了。"

【分析】

教师的鼓励能够激发幼儿的求知欲望，帮助幼儿增强学习的决心和信心。教师积极的情感态度对幼儿的身心健康发展具有积极的促进作用，也能激发幼儿学习的主动性和创造性。如果幼儿教师的教学口语没有情感的流露和变化，节奏单调缓慢，语调平稳冷淡，没有抑扬顿挫的起伏，会很难调动起幼儿学习的热情。

(六) 针对性

针对性就是教师应根据不同的学习环境、不同年龄或水平的幼儿运用不同的语言。因材施教是教学的重要原则之一，它要求教师在教学过程中从幼儿实际出发，根据不同阶段的具体情况，采用不同的方法，进行不同的教育，使每个孩子都能在各自原有的基础上得到充分发展。教学口语也必须遵守这一原则。

《幼儿园教育指导纲要（试行）》中指出，幼儿园教育要"促进每个幼儿富有个性的发展"。幼儿的年龄不同，思维能力、知识水平、对语言的领会和接受水平有很大差别，所以，在小班、中班、大班的幼儿学习活动中，教师应有针对性地选择恰当的教学口语。

1. 小班（3~4岁）幼儿的教学口语

小班幼儿神经系统的发育还很不完善，他们知识经验少，理解能力差，所掌握的词汇有限，思维处于具体形象阶段的初期，因此，教师在对小班幼儿说话时，应抓住具体、形象这两个关键，要做到：

（1）词语简单易懂，多用单句、短句。对小班幼儿说话时，所用词语要简单易懂，有时需多用叠音词，如"高高的、圆圆的、大大的、红红的"；句子应多为简单的短句。在向幼儿提问时，要问得非常具体，答案最好是一句话，最多不要超过两句话，其备选答案也要单一。例如教师在科学活动"可爱的小动物"中提出以下问题："小白兔的眼睛是什么颜色的？"这样的问题简单、具体，适合小班幼儿回答。

（2）态势语较多，语气较夸张。针对小班的幼儿，教师在教学语言中流露出来的情感要鲜明，语气要夸张，可以伴随丰富且恰当的态势语。恰当的态势语可以辅助教师的口语表达，也可以帮助幼儿更好地理解教师所说的内容。例如讲故事《两只笨狗熊》，在讲到狐狸出坏主意的时候，教师的眼睛要有"滴溜儿一转"的动作；在讲到"今天的天气真冷呀"时，教师不仅要在"真"字处适当拉长音，还要手抱双肩，做出寒气袭来、缩紧全身的样子。

（3）语言拟人化。小班教师的语言拟人化成分较多，这与这一阶段幼儿思维具有的泛灵特点有关。小班幼儿认为猫、狗、大树、房子都和人一样会说话，具有人的灵性。例如：

① "请你听一听小桌子在说什么。"

② "今天小鸡到咱们小一班来当客人，小朋友们快欢迎它。"

③ "小兔子的妈妈在哪儿呢？"

这三个例子都具有拟人化特点，非常符合小班幼儿的心理特征。

（4）语速慢，多重复。小班教师在说话的时候，语速要稍慢，语调要柔和，且重复的次数要较多，以便与小班幼儿较差的接受能力相适应。

2. 中班（4~5岁）幼儿的教学口语

中班幼儿仍处于形象思维阶段，教师的语言仍然离不开具体、形象的特点。但是，他们毕竟比小班幼儿有进步，主要表现为知识、经验丰富了一些，语言的接受能力和表达能力都有所增强。和小班教师相比，中班教师的话语有如下变化：

（1）句式多样化，语言表达的内容更丰富。由于幼儿认知能力的提高，教师表达时的自由度增加了，除了单句，也可以使用简单的复句，用词也更加多样化，语言表达的内容随之更丰富。例如："现在我们来玩一个游戏。你们身后有许多小旗子，请辨认一下哪些是国旗。每个人拿一面国旗到老师这里来。"

（2）提问的内容较宽泛，答案可以有多种。因为中班幼儿的思维能力比小班有所提高，所以中班教师在提问时没有必要像小班教师那样选择备选答案单一的问题，而可以选择备选答案有多种可能的问题，以启发幼儿从多种角度进行思考。

【案例】

①教师："叶子都有什么用？"

幼儿A："菜叶能吃。"

幼儿B："树叶能挡太阳。"

幼儿C："菜汁能喝。"

幼儿D："有的叶子是药，能治病。"

②教师："苍蝇、蚊子都传播疾病，我们应该怎么预防？"

幼儿A："消灭苍蝇和蚊子。"

幼儿B："吃东西之前把手洗干净。"

幼儿C："别吃苍蝇爬过的东西。"

幼儿D："别让蚊子叮着。"

【分析】

这两个问题设计得比较巧妙，具有激发幼儿思维的作用，因此幼儿的答案既具体又多样。

（3）语言重复次数减少。中班教师在给幼儿布置某项任务或提出某项要求时，不必像小班教师那样反复叮嘱，只需说一遍或两遍就可以了。

3. 大班（5~6岁）幼儿的教学口语

大班幼儿的思维水平虽然还处在形象思维阶段，但是由于神经系统的发育已趋于完善，已有了初步的抽象思维。与此相对应，教师的话语有如下特点：

（1）出现一些表示类别概念的词。大班幼儿对事物的类别有了初步认识，这时教师要教他们一些表示类别概念的词，如家禽、家畜、交通工具等。

（2）复句增加。大班幼儿对事物及其关系有了进一步理解，教师在口语表达中可增加复句的数量及难度。例如：①"因为小青蛙捉害虫，是人类的好朋友，所以大家都要保护它。"②"刚才许多小朋友说了自己最喜欢的人，有的说喜欢爸爸，有的说喜欢妈妈，有的说喜欢奶奶，这些小朋友讲得都很好。"示例①是因果复句，示例②是并列复句。

（3）语言更简洁。教师在小班需要说得较具体的话，在大班可说得较概括、简洁。例如：

①"今天小东表现不错。"②"8的相邻数是几?"③"长颈鹿和梅花鹿有什么区别?"示例①只用了"表现不错"这种概括性较强的话,没有说具体哪方面表现好,但是幼儿仍能正确理解。示例②和示例③语言简洁,没有附加提示。

(七)趣味性

趣味性是指教学口语能够契合并调动幼儿的兴趣,把幼儿潜在的学习积极性充分激发出来,使他们愉快、自觉、主动地学习。幼儿教师要怀着一颗不泯的童心,以儿童的眼睛去观察,以儿童的耳朵去聆听,以儿童的心灵去感受生活,汲取幼儿生命节奏中的活力和光彩,分享幼儿成长过程中的纯真与好奇。唯有如此,才能表达出符合幼儿认知水平和心理的富有童趣的语言。

1. 内容的趣味性

(1)幼儿的思维是以自我为中心的,他们总是生活在现实和幻想交叉的世界中,所以幼儿在活动过程中,极容易沉浸到教师所创设的情境中去。

【案例】

语言活动"造句旅游"(中班)

教师出示纸盒机器人,并以机器人的口吻对幼儿说:"我是小铃铛,说话声音响,谁想和我做游戏,快来摸我的大肚皮。摸出卡片讲一讲,回答正确红灯亮。"请一幼儿上来摸卡片,并大声地看图造句,如:"小朋友在看图。"教师以机器人的口吻评价道:"回答正确,滴、滴、滴。"按机器人,使其头上的红灯亮三下。

(2)幼儿的自我中心思维导致了泛灵观念,即将世上万事万物都看作有生命、有情感的东西,教师应当根据幼儿认知心理的这一特点,借助幻想、夸张、拟人等艺术表现手法,增强教学口语的表达效果。

【案例】

数学活动"小动物的家"(中班)

引导幼儿观看图片,说说发生了什么事。

教师:"那儿发生了什么事?让我们一起去看看。"

幼儿自由观察、议论。

幼儿A:"小鸟哭了。"

幼儿B:"小兔哭了。"

幼儿C:"小猫在哭。"

幼儿D:"乌龟也哭了。"

幼儿E:"它们的房子倒了。"

教师:"小动物们的房子倒了,哭得好伤心。现在,我们一起想个办法帮助它们,好吗?这儿有很多材料,你们认真看看,想想可以用什么东西帮助小动物、怎么帮助。"

(3)游戏是幼儿的天性,幼儿通过游戏来学习知识,通过游戏来体验生活。如果把教学

活动变为游戏活动,让教学口语充满游戏的乐趣,幼儿就会乐于参与活动。

【案例】

语言活动"小兔子盖房子"(中班)

教师让中班的幼儿表演《小兔子盖房子》的故事,给他们戴上事先准备好的头饰。孩子们很兴奋,随着音乐,扮演起了各种小动物。一会儿,有些幼儿就忘记了自己的任务,其中一个扮演小蚂蚁的小朋友在一旁玩起了其他的东西。教师看到后,大声地对其他小朋友说:"小伙伴们,小蚂蚁迷路了,哪个小动物愿意做好事,帮他找回自己的同伴?"其他小朋友听了,纷纷过去帮忙,使那名小朋友重新进入了角色。

2. 表现形式的趣味性

(1)情绪投入。

教师应情绪饱满,作为活动的参与者,和幼儿一起分享喜悦,兴致勃勃地和幼儿一起去探索、去发现。

(2)神态逼真。

教师的态势语应和说话的内容相吻合,有时是亲切,有时是询问,有时是怀疑,有时是悲哀。面部表情丰富的教师能以眼神吸引幼儿,再加上手势的辅助,就会使语言像蜜一样"黏"住幼儿。

第二节 幼儿教师常用的修辞训练

研究表明,3~6岁的幼儿多依靠具体事物的表象以及对具体形象的联想进行思考,其思维具有形象化、拟人化以及自身经验性等特点。因此,喜欢色彩鲜明、充满动感的事物是幼儿身心发展的重要特征。幼儿的思维以形象思维为主,有形、有声、有色、有动感、有情感的语言才能引起幼儿的关注,唤起幼儿对具体事物的真切感知。教师要多运用摹状、拟声、比喻、夸张等语言艺术手段和绘声绘色的态势语,使口语表达更加直观形象,富有感染力。

一、幼儿教师职业口语的常用修辞

(一)摹状

摹状即描摹事物的外形状态,包括静态和动态两个方面。摹状是语言形象化最基本、最常用的手段,尤其是动词的运用,可以传神地展示事物的动态过程,给人留下深刻的印象。

例如儿歌《水果歌》:"苹果爱红脸,香蕉爱弯腰,西瓜爱睡觉,起来要人抱。"就是利用摹状的手法讲解不同水果的特点。

1. 拟声

拟声即使用象声词描摹事物的声音。教师在口语中运用拟声手段，可以帮助幼儿调动听觉，更加全面立体地感知教师所描述的事物。

【案例】

拔萝卜（片段）

小姑娘拉着老婆婆，老婆婆拉着老公公，老公公拉着萝卜叶子，一起拔萝卜。"嗨哟！嗨哟！"拔呀拔，还是拔不动。小姑娘喊："小狗儿，小狗儿，快来帮忙拔萝卜！""汪汪汪！来了，来了。"

小狗儿拉着小姑娘，小姑娘拉着老婆婆，老婆婆拉着老公公，老公公拉着萝卜叶子，一起拔萝卜。

"嗨哟！嗨哟！"拔呀拔，还是拔不动。小狗儿喊："小花猫，小花猫，快来帮忙拔萝卜！""喵喵喵！来了，来了。"

【分析】

故事中象声词"汪"和"喵"分别描摹了小狗和小猫的叫声，使幼儿如闻其声、如见其形，很容易在大脑中想象出小狗和小猫的形象，从而更好地感知故事内容。

2. 绘色

绘色即描绘事物的颜色，以帮助幼儿更好地感知，如红红的太阳、绿绿的草地等。

（二）比喻

比喻就是用与甲事物有相似点的乙事物来描写或说明甲事物，通常是用幼儿熟悉的、具体的、浅显生动的事物来比喻不熟悉的或比较抽象的事物，进而达到帮助幼儿理解的目的。如"他的拳头可厉害了"就不如"他的拳头像个大铁锤"更加具体形象。比喻可以分为明喻、暗喻、借喻。

【案例】

小树理发

午饭后，一位教师正在花园里修剪花草。正当他剪去桂花树的枝叶时，一个小班的女孩突然跑过来对他说："老师，您为什么要剪小树呢？她会很伤心的！您平时不是常说不要折小树枝吗？"在一旁的另一位教师走过去笑着对她说："老师正在给小树理发呢。等老师理好后，你再看看是不是更漂亮了。"小树很快"理好了发"，小女孩仔细打量修剪过的小树，高兴地说："小树理完发更漂亮了。"

【分析】

这位充满智慧的老师以"小树理发"这个孩子能够理解的事物作比喻，化解了幼儿心中的困惑，使她明白了原来修剪树木枝叶就像人们理发一样，不会伤害树木或影响它们生长。

（三）比拟

比拟分为拟人和拟物。拟人是指事物的人格化，即将本来不具备人的动作和情感的事物变得和人一样。拟物是指把人比拟成物，或把甲物比作乙物。由于泛灵心理，在幼儿的心目中，花草树木、鸟兽虫鱼都是有生命、会说话的。在使用比拟时，要抓住事物的特征，同时要注意环境气氛的协调。例如教师在教小朋友系纽扣的时候，可以用这样的儿歌来进行讲解："系纽扣，一个钮，一个扣，我帮他们手拉手，结成一对好朋友。"用带有比拟修辞的儿歌，可以帮助幼儿更加形象地理解扣纽扣的方法和动作，学起来也更加有兴趣。

【案例】

健康活动 "跟我走"（小班）

教师扮演狗妈妈，幼儿扮演小狗，狗妈妈带着小狗一个跟一个走，同时还要念着："走，走，走，跟着妈妈走。"念到最后一个字，就停下来学一声狗叫。然后再变成其他小动物，继续练习。这样的方式会增加幼儿的愉悦感和参与意识。

（四）夸张

夸张即故意对事物做言过其实的夸大或缩小的描绘，以此来突出事物的特征。夸张的描述幽默生动，可以激起幼儿的兴趣，满足他们的好奇心。例如在大班语言活动课上，老师描述《夸父追日》中的夸父时用了这样一段话："他坐在地上，就像一座山；他一站起来，不得了，脑袋碰到天上的云彩了。"孩子们都兴奋不已："哇，这么高！"通过使用夸张的修辞手法，教师语言的感染力得到了充分的发挥。

拓展阅读

（1）你了解儿童语言发展的阶段吗？你知道儿童语言敏感期的表现吗？扫码了解一下吧。

（2）你了解《幼儿园指导纲要（试行）》中对教师语言的要求吗？扫码了解一下吧。

（3）幼儿教师职业口语中有哪些禁忌以及对策，扫码了解一下吧。

（4）常用的修辞手法还有哪些，扫码了解一下吧。

儿童语言发展的六个阶段　　幼儿园教师语言领域教育活动实施与指导策略　　幼儿教师语言禁忌及对策　　幼儿教师教学中常用修辞手法

课后作业

（1）说说你在幼儿园见习中印象最深刻的一件事。

（2）设计一段作为新老师到中班上课时的自我介绍。

（3）你认为幼儿教师应该具备怎样的职业口语能力。

第九章

幼儿教师教学口语

章前故事

又是一年一度的校外实习，唐芳同学被分配到西安的一家幼儿园。第一天，园长安排唐芳到中班实习。一开始的保育工作还算顺利，可是到了实习的第三周，主班老师找到唐芳，希望她可以给班里孩子组织一堂公开的活动课。唐芳费了很大力气备课，但是在讲课过程中，她只能生硬地背诵教案内容，该用什么样的语言导入、如何向小朋友提问、如何用语言调动孩子们的学习兴趣，她都不会，职业生涯的第一堂公开课也草草结束……事后园长找到唐芳说："你要好好提升教学口语水平，希望你下次能表现得更好。"

【思考】

(1) 唐芳同学在实习中遇到了什么问题？
(2) 园长口中的教学口语是什么？
(3) 你认为幼儿教师教学口语的特点和作用有哪些？
(4) 在日常教学活动中，会用到哪些类型的口语？

带着以上四个问题，我们进入本章的学习和探索，希望同学们在学习完本章知识后，能够结合幼儿教师教学工作的日常要求和幼儿园教学活动设计内容，对幼儿教师的教学口语有全面的认识和了解，能够根据幼儿的年龄特点和幼儿园五大领域的教育内容，使用准确、科学的教学口语组织课堂活动，形成科学严谨的工作态度。

第九章 幼儿教师教学口语

知识导图

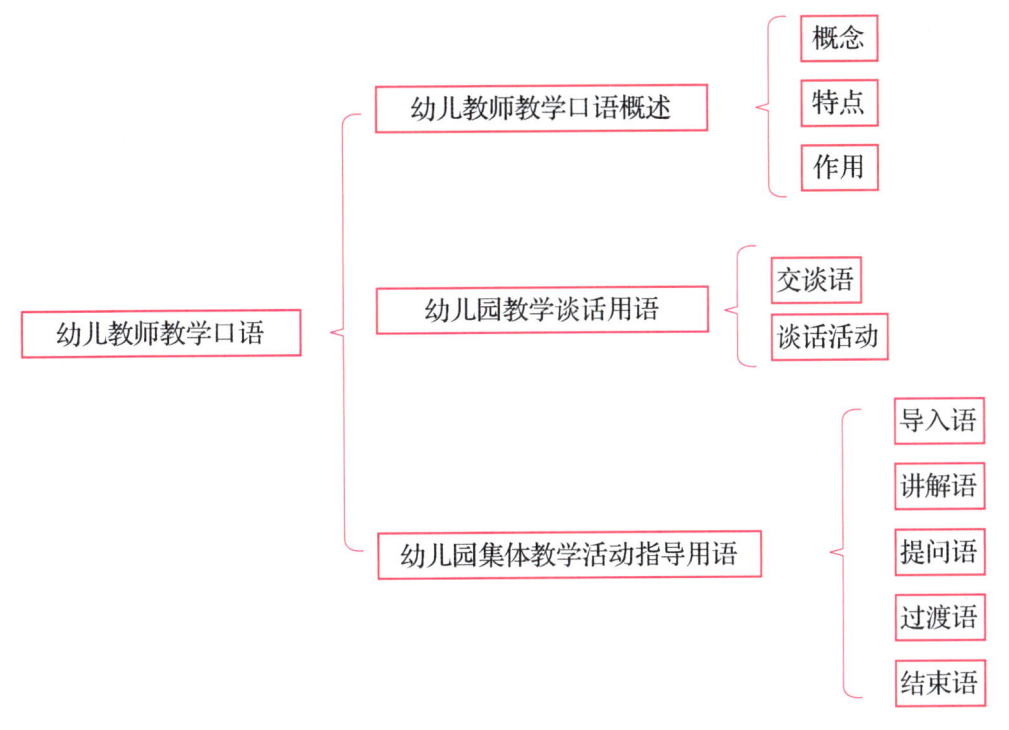

```
                              ┌─ 概念
              ┌─ 幼儿教师教学口语概述 ─┼─ 特点
              │                      └─ 作用
              │
幼儿教师教学口语 ─┼─ 幼儿园教学谈话用语 ─┬─ 交谈语
              │                      └─ 谈话活动
              │
              │                      ┌─ 导入语
              │                      ├─ 讲解语
              └─ 幼儿园集体教学活动指导用语 ─┼─ 提问语
                                      ├─ 过渡语
                                      └─ 结束语
```

学习目标

知识目标

(1) 了解幼儿教师教学口语的定义和特点。

(2) 了解幼儿教师常用教学口语的主要类型。

(3) 掌握各类教学活动导入语、讲解语、提问语、过渡语和结束语的设计要求。

能力目标

(1) 能够灵活运用教学口语，提升教学口语的艺术性。

(2) 能根据教学口语的特点、幼儿的年龄特点、教学活动要求，设计科学的教学口语。

素质目标

树立正确的幼儿教师口语观，培养科学严谨的教学态度和善教乐教的职业精神。

第一节 幼儿教师教学口语概述

幼儿教师教学口语是教师在幼儿学习活动中为达到教学目标使用的语言，是教师指导幼儿学习、引导幼儿探索与表达的最主要的手段，是教师传递知识技能、表达态度情感最主要

的工具，是教师的教学原则和教学策略最基本的表现。一名教师如果在语言修养上达到了较高水平，其教学过程就会有一种无形的吸引力。苏霍姆林斯基指出："对语言美的敏感性，这是促使孩子精神世界高尚的一股巨大力量。这种敏感性，是人类文明的一种源泉所在。"幼儿教师的教学口语不仅要符合一般的语言规律，而且要符合幼儿教育的特殊要求，适应不同年龄幼儿心理特征和语言接受能力，这样才能达到预期的教学效果，实现课程目标。因此，掌握和运用教学口语是幼儿教师的基本素质。

一、幼儿教师教学口语的特点

正如教育学家夸美纽斯所说："教师的声音应该像油一样浸入学生的心灵"。教师通过教学口语传递知识、表达情感、指导和鼓励幼儿学习，教学口语体现着教师的教学素养和教学水平。幼儿是否能主动、愉快地参与到日常学习活动中来，在很大程度上取决于幼儿教师的教学口语是否恰当。因此幼儿教师教学口语必须具备以下几个特点：

（一）启发性

在日常的教学活动中，教师应该引导幼儿在探索中学习、归纳、发现和体会。幼儿是教学活动的主体，教师是引导者、合作者和陪伴者。幼儿教师富于启发性的语言是开发幼儿智力、调动幼儿学习主动性和积极性的有效手段。当幼儿不能对教师的提问做出回答时，需要及时增加辅助性的提问，循循善诱，积极调动幼儿思维，使他们开动脑筋，找到令人满意的答案。幼儿教师启发性的语言有助于幼儿获取新知识，并令他们充满成就感和满足感。

（二）科学性

教学口语要科学规范、用语准确、逻辑严密，教师必须给予幼儿正确的知识引导，帮助幼儿理解生活万象和自然界的奥秘，做幼儿知识的领路人。

（三）艺术性

幼儿由于年龄、知识和阅历等的限制，不太能够理解深奥的道理，幼儿教师应该努力把复杂、深奥的道理借助艺术化的语言表达得简单易懂、生动有趣。生动有趣的讲解、智慧而又神秘的提问、亲切而又真诚的评价，都能激发幼儿学习的积极性，从而让幼儿感受到学习的乐趣和生活的温暖。

（四）情感性

幼儿教师教学口语的情感来源于对事业的执着、对孩子的热爱。教学口语的情感性主要是指幼儿教师在组织幼儿进行集体教学活动时的语言必须是充满感情、富有感染力的。幼儿教师在组织教学活动时必须以饱满的热情、真挚细腻的感情与幼儿进行交流沟通，尽量排除影响教学的因素的干扰，控制生气、失望等不良情绪，有效利用态势语辅助传情达意，引起幼儿内心世界的共鸣，使他们保持积极良好的情绪状态，从而达到理想的教学效果。

二、教学口语的作用

幼儿的学习活动是在教师组织下进行的有目的的活动，教师要设计教学活动，引导幼儿主动学习，促进幼儿素质的全面提高和个性的充分发展。教学口语是教师教育思想、知识水平、性格气质的综合体现，是教师教学原则、教学水平、教学思路的具体表现。

（一）教学口语是实现教学目标的工具

教师不仅通过语言向幼儿传递信息和知识，更重要的是影响幼儿认知、学习和思维的过程，影响幼儿思考问题、表达思想以及判断和想象等能力的发展。

（1）教师的语言能直接引起幼儿对观察对象的注意，使他们有选择地感知观察对象。"今天啊，我要给小朋友们介绍一位新朋友，你们想知道她是谁吗？""听一听，这是什么动物在叫啊？""请小朋友们看这幅画。"教师的这些语言都能将幼儿的注意力集中起来。教师的语言还可以使幼儿关注观察对象的某些部分或某些特征，例如："请大家仔细看一看，这两幅图哪些地方不一样？"听了这句话，幼儿的注意力就会集中在不一样的地方，而对一样的地方就不会关注；听到"看看这个小房子是用哪些几何图形的积木拼起来的"之后，幼儿就会去找房子中有哪些几何图形、有几个，而不会顾及这些几何图形的颜色或大小。

（2）教师的语言可以激发幼儿积极思考的兴趣。例如一位教师在组织活动时，将幼儿熟悉的物品全部放到一个箱子里，用一块布蒙好。然后，教师将手伸入筐中，摸到一件物品后，故作神秘地说："魔法箱、魔法箱，哎呀，我摸到了一样东西，它圆溜溜的，小小的，很光滑，摸上去凉凉的。你们猜猜，这是什么？"用猜谜语创设了一个活跃的活动情境。再例如一位教师在讲完绘本《小熊不刷牙》的故事之后，问幼儿："小熊最终找到自己的牙齿了吗？如果你是小熊，你会怎么保护自己的牙齿？"将幼儿置身于故事之中，激发了幼儿创编故事情节的兴趣。

（3）在幼儿参与活动的过程中，教师的语言提示还可以帮助和启发幼儿回忆已有的经验，并将这些经验与现实的活动情境结合起来，解决面临的学习问题，获得新的学习经验。例如在学完儿童诗《春风》后，教师带领幼儿到室外观察，然后提问："请小朋友们想一想，春天来了，哪些东西变绿了？哪些东西变红了？哪些小动物又出来活动了？"从而帮助幼儿获得新的体验。

（4）教师的语言能够诱发儿童思考，并让他们有所领悟。教师运用具有启发性的语言，是调动幼儿学习思考的主动性和积极性、发展幼儿智力的有效手段。

（二）教学口语是完成幼儿语言教育活动的重要途径

在语言教育活动中，教师不仅以指导者和帮助者的角色与幼儿互动，还要通过教学口语对幼儿的学习活动发生直接的作用。

1. 讲述

讲述是教师通过语言向幼儿说明活动内容、游戏规则，或者将文学作品的内容介绍给幼儿时常用的方法，是教师组织语言活动时最基本的表达方式，是教学口语在语言教育中作用的主要体现。讲述的特点是充分发挥教师的主导作用，使幼儿在较短的时间内理解教师的要求、活动的规则等。

2. 示范

在语言教育过程中，教师的示范是必不可少的。例如指导幼儿仿编一首诗时，教师应首先给幼儿提供模仿的思路和语言范例，再引导幼儿运用和掌握仿编的方法，以培养幼儿对诗歌的理解能力。

3. 提问

提问是教师根据活动内容提出问题，促使幼儿想象和思考，以加深对所学内容理解的一种教学方法，具有激发思维、集中注意力和反馈教学效果的功能。在语言教育活动中，教师提问的水平对幼儿理解活动要求和内容、有效参与活动过程具有重要的作用。如何提出问题以及提什么问题，是幼儿园语言教育教学改革的一个重点。

4. 评价

评价指教师在活动过程中对幼儿的表现作出一定的评判。在语言教育活动的具体过程中，教师的评价往往出现于活动进行中和活动结束时。前者往往是简短的、即兴式的，以一两句话对幼儿的行为作出反应，如"很好""真能干"或"想一想还有没有更好的说法""还可以说得更清楚些"等；后者往往是针对整个活动过程的比较全面的总结。教师的评价无论是即兴式的还是总结式的，都会对幼儿在学习活动中的表现产生一定的影响。

总之，教学口语在幼儿学习活动中起到重要的作用，每一位幼儿教师都应在教育教学活动中，不断提高个人教学口语的水平。

三、幼儿教师教学口语的分类

幼儿教师的教学口语可以分为谈话用语和集体教学活动指导用语。谈话类教学用语主要用于除集体教学活动以外的其他活动领域（如晨检谈话、盥洗、午餐、午休、区角活动），集体教学活动指导用语用于幼儿园集体教学活动中。幼儿园的集体教学活动可以分为四个部分，分别为导入部分、基本部分（讲解）、展开部分（提问、过渡）、结束部分（评价、总结），相对应的教学口语为导入语、讲解语、提问语、过渡语、结束语。

第二节　幼儿园教学谈话用语

一、交谈语

（一）交谈语的定义

交谈语是教师与幼儿之间互通信息、交流感情，以相互沟通、促进了解的一种口语形式，包括集体交谈和个别交谈两种方式。集体交谈是教师与全班或小组围绕某个话题展开的语言交流，个别交谈是教师与个别幼儿进行的一种有针对性或随机性的语言交流。

（二）交谈语使用原则

1. 拥有一颗童心

把自己也变成孩子，走进幼儿的世界，和他们打成一片。教师要作为幼儿的同伴出现，蹲下身子和幼儿说话。要充满爱心，抛开"大人""教师"的身份，让幼儿感到是在随意、自然地聊天。教师与幼儿交谈时，要体会幼儿的想法，走进幼儿的内心，多与幼儿进行良好的沟通，让自己成为幼儿喜欢的谈话对象。

2. 注意幼儿的反应和态度，体会幼儿的感受

在跟幼儿说话时，教师常常会急着表达自己的指令和意见，希望他们乖乖地照自己的话做，最好不要有其他意见。所以，往往会打断幼儿的话，没有耐心地把幼儿的话听完，忽略了幼儿的反应。教师在言语中应该表达出对幼儿发自内心的关注和兴趣，主动发起话题，如："能告诉我你的假期是怎样过的吗？""哦，听起来很有趣，后来怎样了呢？"

3. 了解幼儿的发展程度，充实幼儿的知识经验

了解每个幼儿的发展程度相当重要，如果教师总是说一些幼儿无法理解的话，幼儿就会失去交谈的意愿，师幼之间的对话也就无法继续。要想打通与幼儿之间的沟通渠道，就要不断地丰富幼儿的知识经验，让幼儿能说、会说、有话可说。

4. 认真回答幼儿的问话，创设良好的语言环境

《幼儿园教育指导纲要（试行）》明确要求："创造一个自由、宽松的语言交往环境，支持、鼓励、吸引幼儿与教师、同伴或其他人交谈，体验语言交流的乐趣。"交谈的自由、宽松主要体现在两个方面：一是交谈中不要要求幼儿统一答案或有一致的思路，让幼儿根据自己的感受自由地发表见解，围绕话题说自己想说的话；二是不特别要求幼儿使用规范化的语言，不一定要求幼儿使用准确无误的句式和完整连贯的语段。实际上，日常交谈重在给幼儿提供说的机会，让幼儿在一种自然、轻松的语言交流氛围中操练语言，提高对语言的敏感度，从

而使幼儿的思维更活跃、表述内容更丰富、语言表达更流畅。

例如图书角是幼儿探索奥妙、发展语言的一个场所，投放有色彩鲜艳的图书和小巧灵活的指偶。教师可以和幼儿同看一本书，并且有目的地进行指导："这是一只小熊，它在做什么呀？原来它要过马路。可是有这么多车，怎么走呀？小熊站在那儿不敢走了，怎么办呀？"孩子们你一言我一语地说开了，置身于自然、和谐、愉悦的氛围中，不需要机械的记忆，没有了集体教学的约束，积极性很高。另一边，两个孩子在玩指偶，一个拿着小鸡，一个拿着小鸭，教师走过去拿起一只小狗："我是小狗，你们是谁呀？""我是小鸡。""我是小鸭。""我们一起做游戏好吗？""好。"老师的大手指和幼儿的小手指比划着，传来了欢快的笑声。

在使用交谈语的时候，教师热心地接纳、尊重、理解幼儿是前提。只有这样，幼儿的自我意识才能得到发展，自我价值才会得以体现。幼儿提出问题时，不能讥笑幼儿的无知，应先了解其问题的真正含意，针对幼儿的需要做出认真的回答。例如幼儿问："老师，您想不想听一首我们没学过的歌曲？"这个问题的真正含意是："老师，我想给您唱一首我刚学会的歌曲。"如果老师知道幼儿真正的目的，就可以回答："想啊，你能给我唱一首吗？"幼儿听了一定会很高兴。此外，对于幼儿提出的知识性问题，教师要慎重回答，或带着幼儿一起寻找答案。这样，幼儿以后不管遇到什么问题，都会主动与老师讨论，这就大大增加了思维提升的机会。

5. 经常变换新鲜的话题，引起幼儿的兴趣

例如"猜猜看今天老师会带你们到什么地方去玩""如果有一天外星人来到了我们的幼儿园""青蛙小时候长什么样子"等话题，一定会比"今天过得好不好""高兴不高兴"更能吸引幼儿的交谈欲望。同幼儿交谈是一门学问与艺术，需要独特的方法与技巧。例如，看到月亮有时圆、有时半圆，有幼儿就会问："月亮为什么跟太阳不一样？太阳每天都是圆圆的。"为了培养幼儿的求知欲，教师说："是呀！为什么呢？"并建议幼儿每天晚上观察月亮的变化。经过一段时间的观察后，教师请幼儿说说月亮是怎么变化的。幼儿说："有时像小钩，有时像小船，有时像半圆……"通过实际观察，幼儿得出了结论，丰富了知识。

教师要充分利用日常生活中的机会与幼儿交谈，进餐、如厕、穿衣、候车、排队都是教师与幼儿交流的良好契机。如教师每天的晨间接待，是与幼儿谈话交流，让幼儿学习语言、提高语言运用能力的最佳时机。从最简单的互相问好及与家长道别的礼貌用语开始，到师生之间互相的谈话交流，如："今天是谁送你来幼儿园的呢？""是妈妈送我来的。""你喜欢上幼儿园吗？""喜欢。""为什么呢？"又如："今天天气冷，你多穿衣服了吗？""昨天回家后，妈妈给你讲故事没有？"师生之间这样的谈话交流话题丰富多样，使得师幼关系比较放松。而且在晨检时间，幼儿陆续来园，教师有充足的时间与每位幼儿交谈，便于针对幼儿各自的语言发展水平因材施教，让幼儿在看似不经意、实则很用心的师生互动中感受到教师的亲切、关爱，同时有助于培养幼儿爱说话、会说话、敢说话的能力。

6. 话题要灵活、丰富

交谈是教师与幼儿在平等、自由、无拘无束的氛围中进行的，话题非常灵活、丰富，而且可以随着双方的思路不断变换。日常交谈是一种多方位的语言交流，教师和众多幼儿的参与带来了丰富多彩的生活经验与感受，使每个幼儿获取的信息量增大，表述的内容和形式也更加丰富多样。

教师要注意激发幼儿说话的兴趣，启发他们敢说、爱说、多说，为幼儿创造自由表达的机会，这样才能使幼儿逐渐积累起一定数量的词汇，拓宽思路，培养思维能力。让幼儿观察新奇的东西，最能调动他们说话的积极性。如在一次春游活动中，老师提出如下问题："小草怎么样了？桃树有什么变化？杨柳枝条怎么样了？油菜花前有什么飞来飞去呢？"孩子们带着教师提出的问题，对春天的景色进行认真观察，话匣子就打开了，七嘴八舌地议论起来。有小朋友说："我看到小草绿了，柳枝发出了新芽。"另一个小朋友兴奋地说："我看到油菜花前有蜜蜂和蝴蝶飞来飞去，好像很忙的样子。"平时不爱说话的小朋友竟然也举着小手抢着发言："我看到桃树上开着好多好多的花啊，真是美丽极了！"

二、谈话活动

（一）谈话活动的定义

谈话活动是对幼儿进行语言教育的特殊方式，根据一定的语言教育理论、目标和内容，将部分语言集体活动的任务付诸实践，对幼儿的语言发展具有重要影响，因此，具备其他语言活动所不能代替的作用。例如：晨检谈话就是幼儿园教学活动中非常重要的内容。

（二）谈话活动的要求

1. 有一个具体、有趣的中心话题

（1）谈话内容有一定的新鲜感。在谈话活动中，幼儿感兴趣的常常是具有一定新鲜感的内容，反复提起的话题，幼儿就不会感兴趣。因此，如何选择话题就是幼儿教师谈话技巧的一方面。

（2）幼儿对中心话题有一定的经验基础。完全陌生的话题不可能使幼儿产生谈话的兴趣，必须具有一定的经验基础，幼儿才会对话题产生兴趣，积极参与其中。

众所周知，鞋是人们生活中的必需品，它的使用方法是小班小朋友们最大的难题。幼儿对鞋有自己的经验基础，但也存在着一些问题。利用幼儿园开学时，幼儿穿新鞋入园这一情况，教师可以从感受鞋的美入手，引导幼儿学会正确穿鞋、爱惜鞋，如可以提出开放性的问题："哪一个小朋友穿的鞋最漂亮？""谁最会穿鞋？""怎样保护我们的小脚丫？"联系幼儿已有的经验，让幼儿产生浓厚的兴趣，乐在其中地参与活动。教师应关注幼儿在活动中的情况，捕捉教育契机，以集体、小组的形式，运用谈话、情境表演等手段，形成幼儿之间、教师与

幼儿之间宽松、和谐的自由商讨氛围，使幼儿积极参与谈话，大胆思考、大胆创造，发展语言表达的能力。

（3）话题与幼儿的共同关心点有关。一定的时间内，幼儿可能会对某一问题特别关注，如最近播放的卡通片、发生在身边的特殊事件或某一节日等，都能够使幼儿产生交流和分享的愿望，可以成为有趣的中心话题。教师要善于捕捉和分析这些话题。

【案例】

户外游戏活动"树叶的洞洞"（中班）

秋天到了，落叶满地，教师借机带领幼儿到公园。公园里四处可见孩子们的身影，不一会儿，许多幼儿捡来了各种各样的树叶。

幼儿："为什么树叶上会有洞洞？"

教师："大家猜猜看。"

幼儿A："是毛毛虫咬的，我知道毛毛虫的爸爸妈妈是蝴蝶和飞蛾。"

幼儿B："是蚕宝宝吃的，我看过蚕宝宝吃桑叶，一个洞一个洞的，像漏勺一样。"

幼儿C："是蜗牛和蚂蚁咬的。"

教师："你们发现这些洞洞有什么不一样了吗？"

幼儿A："有的大，有的小。"

幼儿B："大的可能是长颈鹿吃出来的，因为它的嘴比较大。"

【分析】

从以上的谈话中可以看出，孩子们对树叶上的洞产生了浓厚的兴趣，你一言我一语地展开了交流，教师则在谈话中给予一定的引导，启发幼儿的想象，鼓励幼儿积极思考、参与谈话。

2. 具有宽松的氛围、自由交流的语境

谈话活动宽松、自由的氛围主要靠教师有意识的创设，可以不要求幼儿统一认识，不特别强调规范化的语言，让幼儿感到轻松、自然，能够大胆发表自己的看法，积极说话。教师应以幼儿同伴的身份出现，参与谈话，给幼儿以平等、自由的感觉。教师的引导作用往往体现在用提问的方式引出话题或转移话题，也可以用平行谈话的方式为幼儿做隐性示范。教师应鼓励每位幼儿积极参与谈话，真正形成双向或多向交流，充分调动幼儿的兴趣，提高幼儿谈话的积极性。

【案例】

科学活动"我喜欢的昆虫"（大班）

在观察活动室里，老师播放了昆虫记录片。

幼儿："我喜欢七星瓢虫。"

教师："为什么呀？"

幼儿A："因为它很漂亮，又很厉害，能捉很多有害的蚜虫。"

幼儿B："是啊是啊，它长得很漂亮又可爱，我妈妈的钥匙扣上也有它。"

幼儿C："我不喜欢它，它不如蝴蝶漂亮，蝴蝶的色彩丰富多了。"

幼儿D："我喜欢蚂蚁，小不点一个。"

幼儿E："哇，蜘蛛的腿上有很多细细的毛，有点可怕。"

教师："大家观察得真仔细，那这些动物都有什么特征呢？他们的幼虫是什么样的？"

【分析】

从以上的谈话中可以看出，孩子们对昆虫产生了浓厚的兴趣，你一言我一语地展开了交流，教师则在谈话中给予一定的引导，启发幼儿的想象，鼓励幼儿积极思考、参与谈话。

第三节　集体教学活动指导用语

一、导入语

（一）导入语的定义

导入语是活动开始时，教师为吸引幼儿注意力对幼儿讲的，与教学内容相关、能引起幼儿学习的浓厚兴趣、给一堂课定基调的一席话。它是教学活动的重要一环，具有激发兴趣、活跃气氛、承上启下等作用。良好的开端是成功的一半。设计导入语应选好导入点，从幼儿身边的人和事引入。导入语设计贵在新颖、有趣，能激发幼儿学习的积极性，唤起学习的冲动和愿望，为课堂内容的展开做好铺垫。

（二）导入语的设计原则

（1）目的明确。要符合教学目标和内容，从幼儿实际出发，不要随心所欲，不搞"花架子"。

（2）贴近活动的主题。导入语要从一开始就吸引幼儿的注意力，并快速过渡到活动主题。设计导入语时既要满足教学活动的需要，又要考虑幼儿的心理特点。

例如在进行音乐《狮王进行曲》的欣赏活动时，教师可以设计简单的导入语："小朋友们都知道狮子是森林之王，今天我们就一起来听一听森林之王——狮子的声音……"

（3）新颖有趣。导入语要能吸引幼儿，切忌千篇一律、空洞呆板。

（4）有启发性。导入语要注重创设问题情境，点而不透，含而不露，激发幼儿的求知欲。

（5）简明扼要，内容精当。时间不宜过长，一般在3分钟以内。

(三) 导入语的类型

1. 谈话导入

谈话导入是教师以富有情趣的问题创设导入新课，调动幼儿的发散性思维，引发幼儿思考，培养幼儿口语表达能力的方法。使用谈话导入时，教师的语言要自然亲切、有启发性，所谈的话题要贴近生活，使幼儿产生亲切感和求知欲。

【案例】

音乐活动"春天在哪里"（大班）

教师："小朋友们，你们最喜欢的季节是什么呀？"

(幼儿回答)

教师："那春天里都有些什么样的景色呢？声音有哪些？颜色有哪些？"

(幼儿回答)

教师："春天是非常美的季节，下面让我们在歌声中一起寻找春天吧。"

2. 观察导入

观察导入就是教师让幼儿通过看、闻、摸、听等观察活动，集中注意力去感知新事物、理解掌握新知识，激发他们的求知欲，从而导入新知的方法。这种方法使幼儿的"要我学"变成"我要学"，为整堂课的展开打下良好的基础。通过观察的形式导入活动，能使幼儿对所学知识理解快、掌握牢。可用于观察的对象有很多，比如挂图、卡片、教具、实物、录音录像、幻灯片等都是生活中容易获得的，重要的是教师要会灵活运用。

【案例】

科学活动"认识小蝌蚪"（中班）

教师："小朋友们，老师在桌上准备了许多水盆，盆里装了许多小蝌蚪，他们长什么样子呢？老师要请小朋友们去看看，看的时候要认真、仔细，还要牢牢记住它们的特征。"

3. 情境导入

情境导入就是利用语言、设备、环境、活动、音乐、绘画、表演等手段，创造符合教学需要的情境，从而把幼儿引进相应氛围或情境中，启发幼儿的思维，激发幼儿的情感和学习兴趣的一种方法。通过设置具体、生动的情境，让幼儿在活动开始时就置身于与内容相关的情境中，能有效吸引幼儿的注意力。情境导入又可分为实验式、表演式、演示式等。

【案例】

科学活动"小手真干净"（小班）

教师："今天老师听到毛巾架上有哭泣的声音，走过去一看（举起脏毛巾），这条毛巾宝宝对我说：'看，我身上好脏啊！谁的小手没洗干净？'小朋友们，你们会洗手吗？"

4. 故事或诗歌导入

以故事或诗歌的形式导入新课，能吸引幼儿的注意力，调动幼儿的学习积极性。使用故事导入时，一定要明确故事的作用是导入，与讲故事不同，作为导入语的故事不宜过长过细，否则会本末倒置，影响教学效果。一般采用"教师讲述故事+怎么做+让我们一起来看看吧"的话术技巧导入课程主题。

【案例】

科学活动"塑料袋污染有多大"（中班）

教师："今天老师要给小朋友们讲一个故事。有一只兔子叫白白，它很喜欢胡萝卜，在自家院子里种满了胡萝卜。可是到了该丰收的时候，却连一个胡萝卜都没有，是被哪个小偷偷走了呢？白白请来村里知识最丰富的长颈鹿博士和猴子侦探寻找小偷，他们在白白家的地里发现了一些透明的袋子，闻起来还臭臭的。原来是这些塑料袋偷走了白白的胡萝卜，这是怎么回事呢？今天就让我们一起了解塑料袋的污染有多大。"

5. 游戏导入

游戏导入是教师通过游戏活动设置一定的悬念，引起幼儿思考，激发幼儿的好奇心和求知欲，调动幼儿主动性的一种导入方法。运用游戏导入法要以课堂教学的有序展开为目的，结合教学实际，自然引导幼儿进入学习情境，如果设计不当，会分散幼儿的注意力，挤压课堂时间。在幼儿园教学中最常见的是手指操游戏。

【案例】

科学活动"小手的秘密"（小班）

教师让幼儿把双手放在背后。

教师："咦，你们把什么藏到背后去啦？哦，原来是小手。伸出来看看，每个人都有几只小手？两只手还可以怎么说？"

（幼儿回答）

教师："现在我们两人一组，用小手来做一个游戏。请一位小朋友用小手模拟一个小动物，另一位小朋友猜猜这个动物是什么。"

6. 谜语导入

谜语可以调动幼儿的兴趣，引发幼儿的思考，有利于幼儿进入主题学习活动。谜语导入的关键在于谜语的选择，要充分考虑不同年龄阶段幼儿的思维特点和理解能力，使幼儿可以通过推理猜出谜底。

【案例】

科学活动"认识青蛙"（中班）

教师："今天老师要请你们猜一样东西：'大眼睛，宽嘴巴，白肚皮，绿衣裳，地上跳，

水里划,唱起歌来呱呱叫,专吃害虫保庄稼。'请小朋友们动脑筋想一想,这是什么东西?对了,今天我们就要一起来认识青蛙!"

7. 悬疑式导入

教师运用设置悬念的方法吸引幼儿参与活动,多用在语言、科学教学活动中。使用悬疑式导入要带点神秘感,注意表情、眼神、语气和体态的配合。

【案例】

语言活动"反义词"(大班)

教师:"小朋友们,今天老师准备了很多东西,我要请你们用耳朵听听、用嘴巴尝尝、用手捏捏,还要仔细观察,看谁发现的小秘密最多。"

8. 实验式导入

实验式导入是教师运用实验引导幼儿观察和体味生活中的现象,以进入活动情境的方法,多用在科学教学活动中。使用这种导入方法时,要注意科学实验步骤的规范和要求,同时在设计中要有科学有效的提问和原理展示。实验设计一定要简洁、具体,与生活密切结合,让幼儿可以从自己的生活经验中提取素材。这样可以激发幼儿的创造性思维,让他们主动地观察、探究和寻找答案。

【案例】

科学活动"神奇的盐水"(大班)

教师:"小朋友们,老师手里有一个鸡蛋和一盆清水,现在老师要变个魔术,让鸡蛋漂浮在水面上。"

(教师演示)

教师:"小朋友们一定想知道这是为什么,那就自己去试一试好吗?老师在桌子上给你们每人准备了一杯水,每次加入一点盐,用筷子充分搅拌,然后再放入葡萄,看看结果怎样,然后告诉老师。"

9. 激趣式导入

激趣式导入是教师利用故作神秘的语气和动作引入教学内容,激发幼儿的好奇心,吸引幼儿参与课堂的方法。使用此类导入要注意设计的巧妙和新颖,这样才能吸引幼儿参与。此类导入语一般会配合其他类型的导入语一起使用。

【案例】

数学活动"几何王国——多变几何图形"(大班)

教师:"小朋友们,今天早晨老师收到一个神秘包裹,里面是几何王国的国王派使者给我们送来的邀请卡,邀请小朋友们去参加几何王国的音乐会,你们愿意去吗?"

(幼儿回答)

教师："邀请卡就藏在老师手中的魔术箱里，只有猜出是哪个几何图形，我们才能拿到邀请卡。"

（幼儿回答）

教师："让我们一起打开魔术箱，找找和自己手中图片一样形状的邀请卡吧。"

10. 机变式导入

机变式导入就是教师根据教学环境的变化，临时运用环境资源进行教学导入的方法。使用机变式导入语应注意应变要准确及时，语言组织要简洁并切合主题。

【案例】

科学活动"雨的形成"（大班）

上课前，窗外下起了毛毛雨，教师抓住时机说："小朋友们看，天上飞下来了雨宝宝，你们知道小雨点是怎么飞到天上去的吗？今天我们就来学习雨的形成。"

11. 直入式导入

直入式导入就是开门见山地直接导入新课内容，用语简短。使用直入式导入语应注意紧扣教学主题，语言要简洁明了。

【案例】

语言活动"狐狸下蛋"（中班）

教师："上节课我们已经讲过'狐狸下蛋'的故事，今天，老师和小朋友们一起来表演这个故事，你们愿意吗？"

12. 联想式导入

联想式导入就是由旧知识导入，温故而知新的方法。使用这类导入语要根据教学主题，利用已经掌握的知识，促进幼儿的思维迁移能力。

【案例】

科学活动"认识猫头鹰"（中班）

教师："以前，我们认识了'树医生'——啄木鸟，这节课我们一起来认识'农作物医生'——猫头鹰。"

（四）小结

幼儿园教学导入语的设计形式多样，举不胜举，运用时应根据具体学科、内容而定。总的来说，要讲究引导性、启发性、自然性、新颖性等原则，千万不要牵强附会、生搬硬套，让人感到造作、不自然。

二、提问语

（一）提问语定义

提问语是指幼儿教师根据教学要求和幼儿实际提出问题，引发幼儿思考，帮助幼儿加深理解，了解幼儿学习现状的教学语言形式。善于运用提问语，最能体现教师的教学艺术，正所谓"引导之法贵在善问"。

（二）提问语的设计原则

1. 问点准确，有明确的目的性

课堂提问要有明确的目的，操作性要强，语言要清晰明确，不要无意识地问或习惯性地随便问。要使幼儿听到问题后，能轻松找到合情合理的思考方向，不会"丈二和尚摸不着头脑"。其实，幼儿的答非所问有时并不怪幼儿，而是因为教师没问好。比如，有些教师习惯问"是吗""对吗""明白吗"等，这样的问题对解决知识的重点、难点是毫无意义的。正确的提问语应该是教师在备课过程中紧紧围绕教学目的认真设计的。提问要围绕教学的难点和重点来进行，问到点子上。

【案例】

数学活动"认识年、月、日"（小班）

（屏幕显示2022年的日历卡）

教师："看一看，2022年有几个月？"

（幼儿回答）

教师："每个月有多少天呢？"

（幼儿回答）

教师："观察一下，哪几个月的天数是31天？哪几个月的天数是30天？哪个月的天数很特别？"

（根据幼儿的回答，屏幕上有序地分类显示出月份数）

教师："习惯上，我们把31天的月份叫大月，把30天的月份叫小月。大月有哪几个月？共几个月？"

（根据幼儿的回答板书）

教师："小月有哪几个月？共几个月？"

（根据幼儿的回答板书）

教师："还有哪个月没说？对了，是2月，它既不是31天，也不是30天，因此它既不是大月，也不是小月，非常特别，我们等一下再讨论。"

【分析】

这个片段精彩的地方在于教师的提问语干净、利索，在一步一步地启发学生认识年、月、日的过程中，对难点水到渠成地予以分析解释，同时引导学生特别关注特殊的2月，调动了学生探索的欲望。

2. 促进思考，有很强的启发性

高质量的提问应当有助于幼儿深入观察，活跃幼儿的想象和思维，促进幼儿创造性思维的发展。这就要求提出的问题具有开放性和启发性，不能只有一个答案。

【案例】

科学活动"什么是果实"（中班）

教师："我们吃的果实是不是都一样呢？当然不一样。吃起来的味道就不一样，有的甜、有的酸；形状也不一样，是不是？西红柿是圆形的。鸭梨呢，像个窝窝头。橄榄，都见过的吧？是椭圆形的——也就是说，果实的味道、形状都不一样。还有颜色，有红的、有黄的、有青的。这么多不一样，为什么都叫果实呢？是不是有相同的地方呢？"

幼儿："它们相同的地方是，都是好吃的东西。"

教师："好吃的东西？好吃的东西多着呢，肉包子也很好吃，这么说，肉包子也是果实？"

幼儿："不是，果实都是植物上长出来的。"

教师："植物上长出来的，有道理。可是，植物上长出的东西很多，有根、有茎、有叶、有花，这些难道都能叫果实吗？当然不能这么说。我们把果实切开看看，啊，里面有种子……"

【分析】

在这则片段中，教师先提问，再集中讲解不同的果实有各自的特点，接着运用反问、追问等手段，摸清了幼儿错误理解"什么是果实"的原因。

3. 难易适度，有很强的针对性

不同年龄阶段幼儿的知识经验及思维能力不同，所提问题的难度也应当有所差异。小班幼儿知识经验较少，思维直观，因而所提的应该主要是"谁""这是什么""小白兔的眼睛是什么颜色的"等有关事物的外部特征、幼儿能直接回答或通过直接的操作可以解答的问题，以积累幼儿的经验。中、大班幼儿的知识经验比小班丰富，思维更加具体、形象，并逐步向抽象思维过渡，因而要增加启发性、假设性、探究性的问题，如"蜻蜓为什么是益虫""小鸟在树上是怎样捉虫子的""假如……会怎样""有什么用""怎么办"等，以开阔幼儿的思路，激发幼儿思维的灵活性和创造性。注意避免答案比较宽泛、难度较大的问题。

【案例】

语言活动"秋天的雨"（大班）

教师："听！这是什么声音？滴答、滴答……"

幼儿："下小雨的声音。"

教师："现在是秋天了，那现在下的雨是什么雨呢？"

幼儿A："秋天的雨。"

幼儿B："秋雨。"

教师："秋天的雨滴答、滴答地唱着歌，落到了我们的身上，有什么感觉？"

幼儿A："很舒服！"

幼儿B："很凉爽！"

幼儿C："很温柔，很清凉！"

教师："秋天的雨是一把钥匙，带着清凉和温柔，轻轻地，轻轻地，你还没注意到，秋天的门就被悄悄地打开了。"

【分析】

这位老师通过连环式的提问，让幼儿从听觉、触觉、嗅觉等多个方面感受秋雨，从而对秋雨有了更为清晰的感觉，为下一步学习诗歌奠定了基础。

【案例】

科学活动"多彩扇子" 大班（片段）

教师："小朋友们，夏天是不是很热？太热的时候你会做什么？"

幼儿A回答。

教师："除了游泳、吃雪糕，你们还会干什么？"

幼儿B回答。

教师："这个小朋友说得很好，有风才会凉快，因为风在运动。那么风是怎样运动的？"

幼儿C回答。

教师："好的，我们先不说风怎样运动，说说夏天可以用什么降温吧。"

【分析】

这位老师看似提了很多问题，但是每一个问题的答案都比较宽泛，缺乏逻辑，没有针对教学主题进行具体的提问，与教学主题脱节，对幼儿学习知识没有启发性，是一种无效提问。

4. 层层递进，有清晰的层次性

设计提问要由简到繁、由易到难，环环紧扣、层层递进，让幼儿回答问题像攀登阶梯一样，步步升高，思维也跟着"爬坡"。

【案例】

数学活动"认识圆"（中班）

教师："车轮是什么形状的？"

幼儿：不假思索、争先恐后地回答"圆形。"

教师:"为什么要做成圆形呢？难道不能做成别的形状吗？比如说三角形、四边形等。"（演示动画）

幼儿:"不能！它们不可以滚动！"

教师:"那就做成椭圆形吧！"（演示动画）

幼儿:"这样一来，车子前进时就会一会儿高、一会儿低。"

教师:"为什么做成圆形就不会一会儿高、一会儿低呢?"

幼儿:"因为圆形的车轮上的点到中心的距离是相等的。"

至此，教师自然地引出圆的定义。

【分析】

这位老师的提问环环相扣，为幼儿提供了广阔的思维空间，能够激发幼儿积极动脑、主动探究的热情。如果在幼儿回答车轮是圆形的时候，老师就停止提问，直接肯定了这个答案的话，就会阻断幼儿的联想和想象空间。

5. 简洁、具体，避免啰唆

问题要简短、具体，易于幼儿理解。"好不好啊""是不是啊""对不对啊"之类的问题，从严格意义上来说不能算是真正的问题，因为没有意义，是教学口语中的"废话"。

（三）提问语的类型

1. 填空式

即把问话组织成像填空题一样，依次发问。这种问题多是根据教学内容中需要记忆的地方提出来的，又称为重点式提问。根据教学重点提出明确的问题，把这个问题弄清楚，本课的知识目标也就基本达成了。这种提问方式可以训练幼儿边看、边听、边记、边概括的能力。

【案例】

科学活动"可爱的动物"（大班）

教师教幼儿认识猫，可提出以下问题：

(1) 小花猫的耳朵是什么形状呀？

(2) 嘴边长了什么呀？

(3) 走路是什么样子呀？

教师通过这一系列提问，可以帮助幼儿了解小花猫的特点。

2. 过渡式

在教学中起承上启下的作用，使幼儿发现更本质的问题，培养有连贯性的思维。

【案例】

社会活动"好朋友"（大班）

教师出示"分享"二字，提问："这两个字是什么字?"

幼儿:"分享。"

教师:"'分享'是什么意思?"

幼儿:"和大家一起享受。"

教师:"和别人一起分享的时候,你有什么感觉?"

幼儿:"高兴!"

教师:"森林里的小动物也爱分享,听听他们都分享了什么。"(讲故事)

3. 选择式

即用选择问句来提问的方式。对于容易混淆、弄错的地方,运用选择式问法,要求在二者或数者之中选一个答案,能激发幼儿积极的思考和辨析,不仅缩小了问题的范围,使答案不至于偏离主题,而且能使要辨析的难点更加明显、集中。

【案例】

科学活动"多彩的扇子"(中班)

教师:"夏天很热的时候,大家最想要什么?最想做什么?"

(幼儿回答:吹吹风、扇扇子、喝冷饮、开电扇……)

教师:"现在,请带扇子来的小朋友给大家看看,介绍一下你带的是什么样的扇子。"

幼儿回答。

教师:"大家看一看、玩一玩自己的扇子,有什么感觉?"

幼儿回答。

教师:"大家最喜欢哪一把扇子?为什么?"

幼儿回答。

教师:"电风扇用处很大,能给我们带来凉风。我喜欢电风扇,因为它又方便,风又大,又省力,只要一通电,不用手就扇起来了。这里有很多种电风扇:吊扇、台扇、落地扇,大家喜欢哪一种?"

4. 比较式

即用比较的方法来提问。比较的方法很多,以科学领域为例,有不同形状、重量、颜色的比较;就比较的目的而言,既有不同点的比较,又有相同点的比较。在教学中经常运用这种提问的方法,有利于发展幼儿的求异思维和求同思维。

【案例】

科学活动"有趣的树叶"(大班)

教师:"小朋友们看看手中这些叶子有哪些相同的地方和哪些不同的地方。"

幼儿回答。

教师:"梧桐树的叶子是针叶还是阔叶?"

5. 连环式

即为了达到表达的目的，精心设计环环相扣的一连串问题。这些问题形成一个整体，几个问题都解决了，重点或难点也就解决了。

【案例】

科学活动"认识8"（中班）

教师出示7只小白兔："有几只小白兔呀？"

幼儿点数："7只。"

教师出示7只小灰兔："有几只小灰兔呀？"

幼儿点数："7只。"

教师将小白兔和小灰兔一一对应贴好："再加上一只小灰兔，7只加上1只是几只呀？"

幼儿："7只加上1只是8只。"

教师："7加上1是8。那现在小灰兔和小白兔谁多谁少呀？"

幼儿："8比7多，7比8少。"

教师："怎样让小灰兔和小白兔一样多呢？"

幼儿："加上一只小白兔，或者去掉一只小灰兔。"

【分析】

这五个问题一环扣一环，成递进式排列。教学中的不少难点要分步骤才能解答清楚，这时运用连环式提问法，由浅入深、逐步引导，在问和答的间隙中为幼儿留下更多思考、理解的余地，便于幼儿逐步消化所学的内容。

6. 信息反馈式

即针对幼儿的学习效果提出具体问题。这样的问题可以帮助教师明确幼儿对知识的掌握程度，以便正确把握课堂教学的方式方法，必要时可随时做调整。这样的问题在幼儿园教学中必不可少。例如："你们懂了吗？""你们是怎么想的？""你们是怎么做到的？"

7. 追本溯源式

即要求幼儿回答问题产生的原因。例如："我们为什么要穿衣服？""你怎么知道这个长、那个短呢？"

8. 扩展延伸式

即将现在所学内容和以前所学的相关内容连在一起提问的方法。这种提问法有温故知新、由此及彼、融会贯通的作用，可以把各方面的知识连贯起来，培养立体地思考问题的能力，比孤立地学记得更牢、理解得更深。

9. 错误诱导式

即教师"明知故犯"，用错误的结论激发幼儿生疑、思考，从而发现正确的答案。如："我看啄木鸟那样站在树上会掉下来，你们说会不会掉下来？""爸爸妈妈不给我买玩具，我大哭大叫也没什么不好，你们说对吗？"

10. 假设式

即激发幼儿想象的提问。如："如果地球上没有了水，人们怎么办？"

11. 描述式

即引导幼儿细致地观察并描述事物的提问。如："妈妈的眼睛像什么？"

（四）小结

提问是引起幼儿反应、增强师生交流的主要手段，幼儿园教学中常常采用提问的方法，启发幼儿思考，帮助幼儿在回答问题的过程中发展智力、培养口语表达能力。因此，幼儿教师应在完善自身综合素质的同时，有意识地训练教学提问语的设计和运用技能。

三、讲解语

（一）讲解语的定义

讲解就是解说、解释，指教师对知识的讲授、阐述，对疑难的解释、分析。讲解语就是幼儿教师在教学活动中阐述知识、介绍方法，引导幼儿学习的用语。讲解语在幼儿教师教学口语中使用频率最高，在教学过程中也处于核心位置。通过讲解，教师能够积极地创设学习情境，清晰地阐述知识，有效地组织幼儿开展教学活动。因此，讲解语的运用直接关系到教学活动的效果，在教学环节中是至关重要的一环。

（二）讲解语的设计原则

1. 表达准确，突出重点

讲解语要围绕学习的主题和内容进行设计，注意突出知识的关联性。由于幼儿的知识水平有限，理解能力和逻辑思维水平也较低，因此，教师在讲解时，要充分考虑幼儿的特点，选择幼儿容易接受和理解的语言，围绕学习的中心内容，做到既讲清楚，又激发幼儿学习的自主性。

【案例】

科学活动"下雨前"（中班）

教师："下雨前，蜻蜓飞得很低，这是为什么呢？因为下雨前空气潮湿，小虫子的翅膀沾了水，飞不高。蜻蜓要抓虫子吃，所以飞得很低。下雨前，青蛙唱得特别欢，这是为什么？是因为这时候空气潮湿，青蛙觉得舒服，特别高兴，所以比平时唱得欢。"

【分析】

教师先讲述下雨前的现象，再阐释出现这种现象的原因。在阐释原因时，用问句提醒幼儿注意，并引出下句，接着从科学角度讲明道理，以理服人。

2. 条理清晰，科学性强

讲解语的使用要符合自然科学规律和现实生活的本质，做到层次分明、线索清晰、有条不紊，这样幼儿才能准确捕捉教学内容，集中注意力，更好地理解教师讲授的知识。

【案例】

科学活动"神秘的指纹"（大班）

教师："指纹到底是什么样子的呢？老师找来一个神秘的工具，你们来看看是什么？"（出示印泥）

幼儿："是印泥。"

教师："让它来告诉我们指纹是什么样的吧。"（示范在纸上印指纹）

（幼儿实操）

教师："你的指纹是什么样子的？有什么形状？"

幼儿："我的指纹最里面有一个圆圈。"

教师："像什么呀？"

幼儿："像……像旋涡。"

教师："这样的指纹叫涡形纹。"

【分析】

这段讲解语很有层次，教师在引导幼儿观察的时候，首先明确了观察的目的和要求（指纹到底是什么样子），接着阐释了观察的方法（印泥），然后指导幼儿有目的地观察，引导幼儿总结观察的结果（旋涡）。语言浅显，层次清楚，便于幼儿操作。

3. 深入浅出，简洁生动

讲解语还要注意简短，尽可能化深为浅、化难为易、化抽象为具体。教师要充分考虑幼儿的审美特点和接受能力，使用亲切温和、生动幽默的语言，使幼儿感受到清纯自然、质朴活泼的语言魅力。

例如在进行大班科学活动"植物的生长"时，教师提先进行植物生长的实验，把有根的植物和没有根的植物分别放在水里，教学时引导幼儿观察，可以使用这样的讲解语："小朋友们，实验中的两种植物都在水里，无根的植物两天就枯死了，而有根的植物一直在生长，这说明植物的根可以吸收水分和养料，对于植物的生长有重要的作用。"用简洁的语言讲解植物的根对生长的作用，清晰明了、层次分明，幼儿更容易理解。

（三）讲解语的类型

1. 描述式

描述式讲解语是教师通过描述情境，创设学习氛围、讲授知识所使用的教学口语。描述式讲解语是幼儿园教学活动中最常使用的一种讲解语，其优势在于通过教师的生动描述，幼

儿可以迅速投入到浓郁的学习氛围中，获得形象的感受。

例如在进行科学活动"大自然中的奇特花草"时，引导幼儿认识蒲公英，可以使用这样的讲解语："蒲公英的种子上有白色冠毛结成的绒球，轻轻一吹就好像一个个降落伞，会随着风飘到新的地方，明年长出新的蒲公英。蒲公英花就是这样的黄色小花（出示卡片），小朋友们看它是不是像我们的小巴掌？"通过描述，让幼儿了解蒲公英的种子和花的特点。

2. 示范式

在教学活动中，教师常将讲解与示范结合起来运用。示范式讲解语一般适用于向幼儿讲解事物的程序或者操作的方法，如美术活动中的制作步骤讲解，或者科学活动中的操作方法讲解。示范包括语言示范和动作示范，语言示范要求清楚、响亮、富有表现力，动作示范要求准确、规范，并且注意面向全体幼儿。

例如在进行美术活动"棉绳创意画"时，教师一边讲解一边示范："小朋友们，要做一幅棉绳创意画，第一步，先把卡纸对折（示范对折卡纸）；第二步，捏住棉绳的两头，把棉绳放在颜料里，轻轻地拉起来（示范用棉绳蘸取颜料）；第三步，用棉绳摆出喜欢的图形（示范用棉绳摆出图形）；第四步，把卡纸合起来，用力压一压（示范压出图案）；最后打开卡纸，我们的作品就做好了！"示范式讲解语简明直观、步骤清晰，便于幼儿学习操作。

3. 开放式

有时教师也会用开放式的陈述引导幼儿结合已学知识或已有经验，产生创造性的想象和推测。

【案例】

科学活动"神秘的指纹"（大班）

教师："除了能帮助警察侦破案件，指纹还有什么作用呢？"

幼儿："能方便我们拿东西。"

教师："为什么？"

幼儿："因为指纹是花纹，能增加摩擦力，就像妈妈说的橡胶手套上要有花纹一样。"

教师："哦，指纹就是手指头上的花纹，它能使手在接触物体时的摩擦力增加，这样就容易抓紧了。"（边说边做出拿物品的动作）

【分析】

在这段讲解语中，教师在追问的基础上进行了总结。幼儿对指纹的解释生动形象，而教师的总结是对幼儿已有答案的补充，起到了画龙点睛的作用。

四、过渡语

（一）过渡语的定义

过渡语是教师从教学活动的一个环节过渡到另一个环节时使用的话语，又称转化语或衔

接语。恰当运用过渡语可以使讲课内容层次分明、连接紧密，对吸引幼儿注意力、发展其思维能力起到促进作用。

（二）过渡语的设计原则

1. 简短、易懂、藏而不露。
2. 根据教学内容和教学环节的要求进行设计。
3. 形式力求活泼多样，防止单一化。

（三）过渡语的类型

1. 直接过渡

直接过渡也叫自然过渡，即在上一环节结束时，直接交代下一环节的内容。如："下面我们做个游戏。""刚才这首诗歌非常好听，让我们一起来读读吧。"

【案例】

美术活动"美丽花朵"（大班）

教师："这些花的花瓣颜色都在慢慢变化，有的是从浅到深，有的是从深到浅，都很漂亮。小朋友们也试着画一朵自己最喜欢的渐变的花吧。"

【分析】

在这场活动中，教师一开始没有直接教孩子怎样画渐变色的花，而是让幼儿先说说自己都喜欢什么花，然后出示图片，让幼儿观察每朵花的花蕊和花瓣的颜色和形状，并引导幼儿说出每朵花从花蕊到花瓣颜色的变化。在幼儿进行了观察和思考后，教师说出了上述过渡语。此时孩子们已经有了充分的审美感受和知识积淀，纷纷跃跃欲试，想要画一朵属于自己的渐变花，使活动顺利进入绘画实践环节。

2. 问题式过渡

问题式过渡是教师提出问题，引入下一环节的教学内容，以此吸引幼儿的注意力，激发其学习兴趣。

【案例】

科学活动"几何娃娃过生日"（中班）

教师："小朋友们真能干，躲起来的几何图形都让你们找出来了。现在正方形娃娃来表演一个节目，教小朋友们变魔术。大家猜猜这张正方形纸能变出什么来？"

【分析】

这段过渡语承上启下，既肯定了幼儿上一个环节的学习，又巧妙地用"魔术"引出了下一个学习内容。语言自然，前后贯通，有整体感和层次感。

3. 复述式过渡

复述式过渡是把上一环节或几个环节所学的主要内容复述出来，然后过渡到下一个环节

的施教内容中。

【案例】

数学活动"神奇的图形组合"（中班）

教师："我是一个正方形，但我可以变成长方形，不信你们看！"（边说边做）（直接过渡语）

教师："如果我想变成三角形，小朋友们有办法吗？我能变成小正方形吗？怎么变？"（问题式过渡语）

（请幼儿动手试试看）

教师："小朋友们真会变，办法真多！刚才小朋友们和老师一起变出了三角形和小正方形，老师还带来了其他图形宝宝的魔术作品，我们再来一起变变看好吗？"（复述式过渡语）

幼儿："好！"

【分析】

在这个教学案例中，教师充分利用多种过渡语，巧妙地将整个教学活动贯穿起来，科学有效、逻辑清晰、环环相扣。最后复述式过渡语的使用，不仅对本次活动的知识内容进行了总结，还进行了知识的拓展和思维的启发，让幼儿在数学活动的探索中获得乐趣。

五、结束语

（一）结束语的定义

结束语是教学活动的最后一个环节，用于总结整个教学活动。结束语的内容一般包括对知识的归纳总结、对拓展活动的延伸，以及对幼儿情绪的升华等。教学活动的成功，不仅在于引人入胜的导入和生动有趣的讲解，还要有余音绕梁的结尾。优秀的结束语可以引发幼儿的思考，加深幼儿的理解和记忆，从而进一步激发幼儿的学习兴趣。

（二）结束语的设计原则

1. 简明扼要

结束语是教学活动的收束和总结，要简洁明了地归纳教学的主要内容，不宜长篇大论。

【案例】

社会活动"快乐的中秋节"（小班）

教师："小朋友们，今天我们知道了中秋节是中华民族的传统节日，圆圆的月亮挂在天上，人们一边吃月饼，一边赏月亮，所以中秋节也叫团圆节。"

【分析】

这段结束语使用简洁的语言概括了中秋节的风俗，突出了教学活动的主要内容。

2. 提炼升华

结束语要对教学内容进行必要的总结提炼，但并非简单地重复，而是要在总结的基础上有所升华，起到画龙点睛的作用，达到升华教学核心内容、提高幼儿抽象思维和逻辑思维能力的目的。

【案例】

科学活动"瓶吞鸡蛋"（大班）

教师："瓶口这么小，却能吞进鸡蛋，是因为纸条燃烧会消耗瓶子里的氧气，导致瓶子外面的气压比里面大，所以鸡蛋就被挤到瓶子里了，这就是空气的神奇作用。"

【分析】

这段结束语并不是简单地重复教学内容，而是将知识进一步提炼，使幼儿明白了空气的压力作用，增强了逻辑思维能力。

3. 留有余味

与引导语、讲解语不同的是，结束语要充满韵味，对教学活动的内容有延伸和拓展，启发幼儿的思维，刺激幼儿的想象，起到余音绕梁、手留余香的作用，这样才能启迪智慧、开阔视野，实现教育效果。

【案例】

科学活动"神奇的圆"（中班）

教师："今天，我们认识了很多圆形朋友，其实在我们的生活中还有很多圆形。小朋友们仔细看一看，想想它们都有什么作用。我们一起来找找吧！"

【分析】

这段结束语不仅对学习内容进行了收束，而且启发幼儿观察联想，进一步延伸了教学内容。

（三）结束语的类型

1. 总结归纳式

结束语是教学活动的结尾，要与前面的教学内容呼应，才能实现知识与能力的和谐统一。总结归纳式结束语是教学活动中比较常用的一种形式，用简洁明了的语言概括所学内容，帮助幼儿梳理知识，具有强化学习内容的作用。

【案例】

科学活动"美味的蔬菜"（中班）

教师："今天我们认识了很多蔬菜，有绿色的油菜、紫色的甘蓝；有可以生吃的生菜、香菜，还有要做熟了吃的白菜、包菜。蔬菜的营养价值丰富，我们要多吃蔬菜才能健康成长。"

【分析】

这段结束语对教学内容进行了归纳，再次提示了要点内容，使幼儿印象深刻。

2. 活动评价式

活动评价式结束语往往应用于幼儿参与观察、实验、操作等活动后，对幼儿的活动表现给予评价，帮助幼儿形成准确的自我认知，增强幼儿的自信心。因此，活动评价式结束语多以鼓励、表扬为主，以增强幼儿的学习兴趣和主动性。

【案例】

美术活动"美丽的花瓶"（大班）

教师："小朋友们，老师现在把大家画的花瓶都贴在了墙上，让我们一起看看你们最喜欢哪一个花瓶。老师觉得大家的花瓶画得都很好，各有各的特点，毛毛画的花瓶颜色最好看，丽丽画的花瓶形状特别好看，你们都是能干的小画家。"

【分析】

教师对幼儿的作品进行评价，既能再次强调活动中教授的绘画方法，又能激发幼儿的绘画兴趣。

3. 启发延伸式

启发延伸式的结束语与上述两种形式略有不同，在总结所学内容的同时，会给幼儿呈现一个开放或者半开放的想象空间，对教学活动进行拓展，由课内向课外延伸，启发幼儿进行深入思考，起到举一反三的作用。

【案例】

科学活动"旋转的秘密"（中班）

教师："今天我们发现了旋转是一种运动方式，陀螺、风车等都能旋转，我们也能让纸片、吸管旋转起来，那么，还有什么是可以旋转的呢？我们的身体有哪些部位能旋转呢？小朋友们想一想、试一试吧！"

【分析】

这种启发延伸式的结束语能激发幼儿进一步思考，延伸了教学活动的内容。

拓展阅读

（1）恰当的导入语可以激发幼儿的学习兴趣，诱发幼儿的求知欲望，但是如果导入语使用不当，就不能引起幼儿的兴趣，起不到导入的作用。那么导入语在使用中要注意哪些方面呢？请大家扫码学习相关知识。

（2）提问语最主要的目的是启发幼儿心智，幼儿学习中的大部分思考都来自老师精心设计的问题。那么哪些是不好的提问呢？扫码了解一下吧。

（3）教师对幼儿的评价会对幼儿产生非常大的影响，积极的评价可以促进幼儿学习的积极性，同时激发幼儿的思维潜力。那么评价语有哪些具体的使用方法呢？扫码了解一下吧。

（4）结束语是一堂课的"休止符"，因此可以着眼于知识拓展，启发幼儿举一反三，也可以着眼于道德情操的熏陶。结束语一定要成为"点睛之笔"，其设计有哪些禁忌呢？扫码了解一下吧。

| 导入语使用中 | 八种不好的 | 教学评价的 | 结束语的 |
| 应注意问题 | 提问语 | 基本方法 | "四忌" |

课后作业

（1）除了课堂中老师列举的导入语的类型，你还知道哪些导入语？请举例说明。

（2）在幼儿园的一日生活和教学活动中，谈话用语的使用应该注意哪些具体事项？

（3）请结合自己的学习和思考，说说应如何提升自己的教学口语水平。

第十章

幼儿教师教育口语

章前故事

一所幼儿园里,老师正在给孩子们上美术课,今天的学习任务是画太阳公公。孩子们在老师布置完任务后纷纷拿起画笔,认真地在纸上画了起来。不一会儿,孩子们就纷纷画好了。这时候王老师发现其中一个叫亮亮的孩子画了一个绿色太阳。旁边眼尖的小朋友大叫起来:"你们快来看呀,亮亮画了一个绿色太阳,哈哈,太阳怎么可能是绿色的?太阳是红色的,亮亮连这个都不知道,他真笨。"一时间,所有孩子都在嘲笑亮亮。笑声把另一个配班老师张老师也吸引了过来,他看了一眼亮亮的画,用手敲着画说:"亮亮你是故意的吧,谁家太阳是绿色的?不想画别画……"王老师发现亮亮手里紧紧握着这幅画,眼泪都快流下来了。她微笑着走到亮亮身边,摸摸亮亮的头说:"告诉老师你的太阳为什么是绿色的,好吗?"亮亮委屈地撇撇嘴说:"每年回乡下奶奶家,总听奶奶说太阳太大了,今年又旱了,又收不到粮食。如果太阳变成绿色,地就不会旱,还会带来清凉的雨水,这样奶奶就有粮食收了。"听了亮亮的话,王老师激动地点点头说:"亮亮真棒,是个善良懂事的好孩子,这个绿太阳是最漂亮的太阳,希望你认真学习,长大后把这个绿太阳种在土地里,让所有人都能有粮食吃。"亮亮听了,使劲点点头。

【思考】

(1) 面对亮亮画的绿色太阳,哪位老师的教育方式是对的?

(2) 从这个案例中,我们获得了怎样的教育启示?

(3) 在教育的过程中,教师应该怎样与幼儿沟通?

(4) 在幼儿生活活动的各个环节中,应该使用哪些教育口语进行有效指导?

第十章　幼儿教师教育口语

带着以上四个问题，我们进入本章课程的学习和探索，希望同学们在学习完本章知识后，能够结合幼儿教师职业道德与行为规范，对幼儿教师教育口语的内容和要求有全面的认识和了解，能够以德施教，尊重幼儿、关爱幼儿，把对幼儿的爱融入日常生活活动，逐渐从工作中找到自己的人生价值和方向。

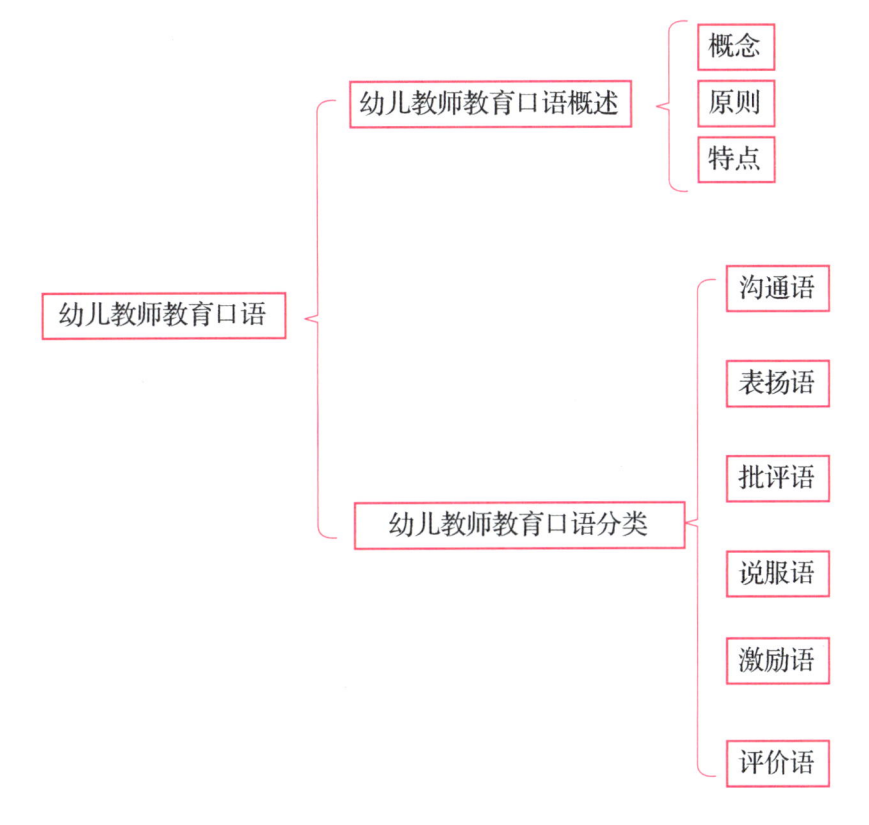

知识导图

- 幼儿教师教育口语
  - 幼儿教师教育口语概述
    - 概念
    - 原则
    - 特点
  - 幼儿教师教育口语分类
    - 沟通语
    - 表扬语
    - 批评语
    - 说服语
    - 激励语
    - 评价语

学习目标

知识目标
（1）掌握幼儿教师教育口语的定义和使用原则。
（2）了解幼儿教师教育口语的主要类型。

能力目标
能熟练运用沟通语、表扬语、批评语等幼儿教师教育口语。

素质目标
树立正确的幼儿教师口语观，提高对口语的重视。

第一节 幼儿教师教育口语概述

一、教育口语的内涵

教育口语是教师根据党的教育方针，针对幼儿实施思想品德教育、行为规范教育过程中所使用的工作用语。它是幼儿教师完成教育工作必不可少的工具，也是教师、幼儿、家长沟通的桥梁。所谓"师者，所以传道受业解惑也"，传递做人的道德是教师的基本职责。《幼儿园工作规程》中规定："幼儿园的品德教育应当以情感教育和培养良好行为习惯为主，注重潜移默化的影响，并贯穿于幼儿生活以及各项活动之中。"3岁幼儿已经初步具备道德意识，开始通过交往和模仿学习逐步掌握了一些行为规范和道德标准。入园后，教师应该通过多种方法和途径帮助幼儿提高道德意识，规范道德行为。上述要求决定了幼儿教师应当将德育因素融入幼儿日常生活和各种教学活动中，积极捕捉幼儿细微的情感变化、情绪变化，并用高超、纯熟的口语技巧进行教育引导。

二、教育口语的原则和要求

（一）民主性原则（热爱儿童，尊重儿童）

教师和幼儿之间应该相互尊重，特别是教师，应该充分了解幼儿的愿望，学会倾听幼儿的心声，以商量的口吻、讨论的方式，理解孩子的稚拙，帮助幼儿战胜困难。在教育的过程中，要积极营造出民主的谈话氛围，鼓励幼儿大胆表达，在促进幼儿语言发展的同时，将道德观、价值观蕴含其中，促进幼儿健康、全面发展。所以教师要经常说"没关系""能不能""让我们一起来好吗""你说应该怎么做呢""你来试试看"等。

【案例】

我也会拼图（小班）

老师安排小朋友们做拼图游戏，以培养、锻炼幼儿的观察能力和动手能力。老师把材料发给大家，布置了任务，然后开始来回走动巡视。

对于杨雪来说，拼图游戏似乎有点难，她的进展比别的小朋友要慢一些，总是拼不好。看着别的小朋友拼得很快，她有些着急。老师走到她身边，轻轻地说："杨雪，怎么样啊？"杨雪抬起头："老师，我拼不好。""没关系，先好好看看这些碎片，看好了再慢慢拼。"在老师的鼓励下，杨雪继续拼图，后来老师见她的进展还是有点慢，就又走过来说："让我们一起来拼好吗？""好！"师生一起玩起了拼图游戏。"你看这样行不行？""请你再试一试！"……在老师

的帮助和鼓励下，杨雪顺利地完成了拼图。

【分析】

教师在发现孩子拼图有困难的时候，没有直接去干预和批评，而是等待并倾听孩子的意见和问题。当孩子确定需要帮助时，老师也没有直接上手帮忙，而是以商谈的口吻不断鼓励幼儿积极进行尝试，并最终帮助幼儿战胜困难，获得成功的体验。

(二) 肯定性原则（实事求是，正面教育）

苏霍姆林斯基说："教师要像对待荷叶上的露珠一样，小心翼翼地保护学生幼小的心灵。"在具体的教育活动中，教师要善于捕捉幼儿的闪光点，对幼儿进行积极的正面教育。这种肯定不仅能让幼儿体会到老师的理解、尊重和接纳，而且非常有助于幼儿形成积极的自我意识，更加主动地内化教育要求，不断进行自我完善。

【案例】

我是好孩子（大班）

源源是幼儿园大班的一名小朋友，长得非常可爱，但是非常调皮。做操的时候经常趁人不备，把前面的同学绊倒，吃饭的时候总是故意抢别的小朋友碗里的菜，班里小朋友都不愿意和他玩，源源变得很失落。一节体育课上，老师让小朋友们做跳山羊游戏，其他小朋友都不敢尝试，源源非常主动，第一个尝试，而且做得非常好。这时候主班老师来到源源身边说："源源，你刚刚做得真棒，你可以帮助其他小朋友一起跳山羊，能做到吗？"源源点点头，愉快地答应了，很耐心地帮助同学们做游戏。游戏结束后，几个小朋友对源源表示了感谢，并愿意和源源一起玩。老师笑着对源源说："源源，你今天表现非常好，大家以前不喜欢你，是因为你总是欺负小朋友，没有帮助别人。如果以后继续帮助其他小朋友，大家都会更喜欢你的。""嗯，我可以，我以后一定会成为大家都喜欢的好孩子。"

【分析】

在这个案例中，教师适当抓住有利时机，对幼儿的闪光点进行表扬，让幼儿获得了从未有过的尊重和信任，并且从其他幼儿的态度中认清了自己的错误，开始自我约束。同时也正确引导了幼儿的人生观，帮助其培养乐于助人的品德。

(三) 浅显性原则（亲切自然，浅显易懂）

幼儿思维的具体形象性决定了他们更容易理解和接受直观、生动、具体、浅显的教育。因此幼儿教师应使用直观、形象化的语言，帮助幼儿理解各种抽象事物和要求，避免使用抽象、书面化的语言。

【案例】

珍惜粮食（小班）

在小班半日开放活动上，家长正在参观幼儿进餐。一个孩子掉了很多饭粒，家长对他说：

"你看你掉了多少饭粒，妈妈怎么跟你说的？'锄禾日当午，汗滴禾下土。谁知盘中餐，粒粒皆辛苦。'"孩子愣了一会儿，不知道该说什么。老师看到孩子发愣，连忙走过去说："饭粒掉在地上，会招来很多小蚂蚁，把你的饭菜抢光哦。"孩子说："老师，蚂蚁怎么知道有饭吃？"老师说："它们可能会闻到饭菜的香味吧。"孩子说："那我快点吃。"紧接着，老师教给孩子不掉饭粒的方法，情况大有好转。

【分析】

和幼儿交流，要说幼儿能听懂的语言，才能起到好的教育作用。案例中，家长和老师都想达到教育幼儿珍惜粮食的目的，但是家长的语言过分成人化、抽象化，这种说教方式未能被幼儿所接受，相反，老师利用幼儿的泛灵思想，让幼儿了解到掉饭粒会引来蚂蚁和自己争抢食物，于是很快就改掉了漏嘴的习惯。

（四）针对性原则（针对实际，因材施教）

"一个孩子一个样，每个孩子不一样"，幼儿教师所运用的教育语言应当因人而异、因学习内容而异、因学习环境而异、因时间变化而异，这是针对性原则的要求。要想获得好的教育效果，教师要深入了解、分析事件发生的前因后果，充分体会幼儿的心理感受，进入其内心世界，有的放矢地进行教育，这样幼儿才会理解老师对他的关爱与期待，心悦诚服地接受老师的教导。例如一次春游中，两个孩子和大家走散了，老师花了很长时间寻找他们。找到后，老师着急地说："你们以后要小心，不要和大家走散了，要是被坏人看到了，多危险啊！"一个孩子点点头，另一个孩子则立刻哭了起来。

从这个案例中我们可以看出，每个幼儿都是不同的个体，对于同一句话，他们的理解与感受是不同的。幼儿教师要充分了解其教育对象，掌握不同幼儿的个性特征，才能展开有针对性的教育。针对走丢的两个孩子，要分别进行教育：对于已经很害怕的孩子，要以安抚为主，不可一味批评，以免给他造成更大的压力；对于还不能认识到错误的幼儿，要给他讲清道理，帮助他认识到这种行为的危害。还要给两个孩子讲一些自我保护的方法，避免再发生类似的事件。

三、教育口语的特点

（一）明理启智

《幼儿园教育指导纲要（试行）》指出："社会领域的教育具有潜移默化的特点。幼儿社会态度和社会情感的培养尤应渗透在各种活动和一日生活的各个环节之中，要创设一个能使幼儿感受到接纳、关爱和支持的良好环境，避免单一呆板的言语说教。"随着语言和认知的进一步发展，3岁以后，幼儿的道德感开始形成，他们通过交往和模仿学习，逐渐掌握了一些行为规范和道德标准，开始关心自己或别人的行为是否符合道德规范，并由此产生相应的满意或不满意的情感，各种道德习惯也逐渐形成。在各种活动和一日生活中，教师应注重挖掘德育因素，如音乐课上学唱歌曲《我的好妈妈》时，教师可联系一些人对长辈的关怀只接受、不回报的实际，让幼儿从歌曲中感受父母的爱，联想到要关爱家中的长辈，逐渐养成心中有他人、尊重长辈的良好品德。

有些学习的内容并不直接含有德育因素，如数字的教学，这时教师要联系实际，渗透德育内容。教数字"1"时，可以引导幼儿每天节约一分钱、一滴水、一粒米；手工课上让幼儿剪剪、贴贴、画画，自制一些漂亮的小玩具，然后启发他们将自己制作的东西送给贫困地区的小朋友，养成助人为乐、善良的道德品质。在幼儿一日生活的各项活动中，教师必须随机应变、因势利导，随时抓住有价值的教育契机，注重加深幼儿对各种行为后果的感受、体验，并从中分辨出正确的行为，感受积极行为所带来的愉快。

【案例】

好朋友，对不起（中班）

户外活动时，天天把凡凡撞倒了，天天不以为然地说了声"对不起"就要离开。看到这一情境，老师认为天天并没有意识到自己的行为给他人带来的后果，于是赶忙叫住他，并伸手将凡凡轻轻地扶起来，一边安慰凡凡，一边问："你为什么哭呀？"凡凡说："疼。""天天不是说对不起了吗？你还疼呀？"老师故作奇怪地问。"还疼！"凡凡回答。老师又转过来问天天："你摔过跟头吗？"天天点点头。"当时是什么感觉？""疼！""那你疼的时候，希望别人怎么办？"天天想了想，蹲下身去伸出小手给凡凡拍打身上的土，嘴里小声地说："真对不起，还疼不疼？我给你吹吹。"结果凡凡不哭了，还笑了笑说："没关系，我不疼了。"看到天天的转变，老师摸着他的头说："以后不小心碰倒了小朋友，除了说对不起，还要帮他减轻疼痛，这样小朋友才会原谅你。"

【分析】

虽然这只是一件小事，可通过这件事，老师让孩子在感受和体验中知道了自己不正确的行为给别人带来了伤害，学会了真心表达歉意。在幼儿园的各类活动中，有许多蕴含着教育契机的宝贵资源，幼儿教师要善于抓住这些机会，给予幼儿正确的价值引导。

（二）简约规范

幼儿期正是学习语言的黄金时期，幼儿的语言主要是通过自然观察和模仿而习得的，在学前阶段，教师无疑是幼儿们重要的模仿对象，教师的一言一行、一腔一调，甚至是口头禅，幼儿都非常敏感、乐于模仿。因此，幼儿教师在教育过程中，语言必须简洁，恩格斯说："言简意赅的句子，一经了解，就能牢牢记住，变成口号；而这是冗长的论述绝对做不到的。"教师要掌握讲述、解释、暗示等方法，而在幼儿园这个特定的环境中，暗示往往带有示范性。比如："我这样慢慢地倒牛奶，牛奶就不会洒出来。"这样的陈述实际上是在暗示幼儿把牛奶倒进杯子时应该慢慢地倒，否则会洒出来。显然，这样的解释比直接说"要慢慢倒"效果更好。

（三）直白具体

幼儿年龄小，对教师的语言只能按表面的意思去理解，所以教育口语的使用必须具体、直白，这样才便于幼儿领会教育的目的，切不可说幼儿听不懂的"反语"。例如一个初入园的小班幼儿，在回答老师"人有几只眼睛"的问题时说："有三只。"老师非常生气，于是故意说："人的眼睛有四只。"幼儿马上点头跟着说："是四只。"这样的语言只能造成幼儿思维的混乱，是对幼儿不尊重的表现。

（四）儿童化

鉴于幼儿的知识经验较少，理解能力较差，教师的口语表达应符合幼儿的接受水平。

幼儿阶段无意注意、无意记忆占主导地位，思维具体而形象，所以不喜欢听呆板、枯燥的说教，而喜欢听有声有色、趣味化的语言。如教幼儿说"请"字，可说："汽车来接熊猫了，小朋友快说：'请熊猫上车吧。'"要教幼儿说"再见"，可以说："娃娃睡觉了，小朋友快说：'明天见（或晚安）。'"用这样的方式就容易让孩子学会。教师应讲究语言艺术，如说话的态度要温和，使幼儿有一种安全感，乐意接受；语气要坚定，使幼儿感到教师充满自信并受到感染；表述要简单明了，使幼儿容易听懂；尽量用愉快的声调并走到幼儿身边说话，而不是粗暴地呵斥命令；始终用积极的语言与幼儿谈话，告诉幼儿应当做什么，而不是指出他不应当做什么。比如要说"请轻轻地搬椅子"，而不说"别把椅子碰得叮咣响"；说"请把积木放在筐子里"，而不说"别把积木放在地上"。教师的语言不仅是向幼儿传递信息、进行思想教育的重要手段，也是幼儿模仿的对象，教师应该为幼儿树立语言的榜样。需要注意的是，教育口语儿童化并不意味着教师要模仿幼儿语法混乱、用词不当的表述方式，而是指用孩子能理解、接受的语言来说话，贴近幼儿生活，符合幼儿心理特征，表现幼儿的情感，富有幼儿情趣。

四、教育口语的类型

根据不同的教育环境和教育需求，可以将幼儿教师教育口语分为沟通语、表扬语、批评语、说服语、激励语和评价语。

第二节 沟 通 语

一、沟通语的定义

幼儿教师教育口语中的沟通语是在特定的教育场所与幼儿进行的谈话，目的是拉近师生之间的情感距离，化解幼儿的心理障碍，得到他们心理上的认同。在运用沟通语时，教师要注意避免空洞的说教，必须言有所指，针对具体的问题展开沟通，多讲通俗易懂的小道理。同时，教师的态度要认真、热情，不能冷漠地对待幼儿。

二、沟通语的作用

教师与幼儿良好的沟通，或者说良好的师幼互动的作用，主要表现在以下几点：

第一，可以让教师更好地了解幼儿的兴趣需要、性格习惯和身心发展水平，从而对幼儿进行有针对性的教育，同时，有益于教师发现教育中的不足之处，及时调整教育方法和策略。

第二，可以让幼儿感受到教师的关爱与期望，拉近师幼距离，让幼儿获得安全感，从而在教师面前更真实地表现自己、表达想法、积极交流，更好地发挥幼儿的主动性和创造性。

第三，可以促进幼儿语言表达能力和社会交往能力的提升，对幼儿的成长和发展起到积极作用。

三、沟通语的运用原则

（一）认真倾听，适度移情

幼儿教师要理解和尊重孩子，认真倾听他们的诉说，这样才会让幼儿感受到教师的重视和理解。如果教师一边忙自己的，一边听幼儿讲话，就会让幼儿感觉自己未受到教师的重视，从而减弱和教师沟通的热情。

【案例】

裤子湿了（小班）

午睡结束，小朋友们都穿好了衣服，准备去活动区玩玩具，只有红红还在床上躺着不起来。我原本以为是孩子赖床，想要叫她起来，可当我走近的时候，才听到红红躲在被子里哭。"红红，你怎么了？不舒服吗？"我走到她身边轻声地问，"你怎么了？可以告诉我吗？"她抬起头看了看我说："周老师，我……我尿裤子了。"听到尿裤子，我的本能反应还是有点生气，可是听到红红随后的话，我反而感到羞愧。"周老师，刚才我想上厕所时候叫了你，可是你当时在跟别的班的老师说话，没听见，所以我没憋住，就尿床了。"我向她笑了笑，说："没关系，刚才是老师没有注意听你说的话，不是红红的错。来，咱们拉钩，老师帮你保密，咱们不跟别人说，老师和你一起把湿裤子换掉。"她一听我这么说，马上点了点头。我看到红红脸上露出的笑容是那样的真诚。

【分析】

案例中幼儿教师面对小班幼儿尿裤子的现象并没有大声嚷嚷，而是认真听她解释，在明白是自己没有认真倾听而造成了孩子的困窘时，主动道歉，并通过聊天、拉钩等移情的方法，减轻了孩子心理压力，使孩子的心情进一步放松的同时更加信任自己，促成了有效而积极的沟通。

（二）不要给幼儿贴标签

对于幼儿的消极情绪及发生的错误行为，不要急于做出判断，而是采取宽容的态度表示接纳，并站在幼儿的角度上与他们进行沟通。

（三）语言具体、形象，语气温柔，带有情感

（1）教师应该在教育中直接告诉幼儿应该做什么、不应该做什么，并且运用榜样激励等方法，让幼儿乐于接受自己说的话。

（2）教师和幼儿交流时，可以通过简明浅显、形象易懂的语言，使幼儿乐于接受。

【案例】

小椅子哭了（中班）

区角游戏结束后，小朋友们准备放学回家，老师要求大家把小椅子放回原处。明明在搬椅子的时候，重重地拖着椅子，发出很大的声音，其他小朋友看见也纷纷效仿，甚至还有的小朋友用脚踢着椅子走。老师看到这一情况，轻轻咳嗽一声，做出一个"嘘"的动作，然后说："听，是谁在哭呀？是小椅子在哭，它说：'哪位小朋友把我的腿拉疼了呀？轻点，好吗？'"

【分析】

教师没有直接批评幼儿椅子的错误行为，而是利用幼儿的同情心和好奇心，引导幼儿发现自己的错误并积极改正，达到教育的目的。

（3）与幼儿交流时，尽量低声。例如，当幼儿尿湿了裤子，低声能让幼儿保持尊严；午休的时候，低声不会破坏安静的睡眠氛围。不要对幼儿的错误大声呵斥，因为大声呵斥或许能解一时之气，但对教师和幼儿之间的沟通往往会起反作用。

（4）亲切、柔和的语气会让幼儿感受到教师的关心和爱护，更愿意对教师说出内心的真实感受，更愿意接受教师的建议。

（5）与幼儿沟通时的语速要比与成年人沟通时慢一些，语速太快容易导致幼儿听不清楚。当然也不能太慢，太慢的语速会使幼儿等得着急，降低幼儿沟通的积极性。

（四）坚持正面教育

【案例】

我是小画家（小班）

莹莹小朋友喜欢在桌子上乱写乱画，老师发现之后，走到莹莹身边，微笑着说："宝贝画得真好看。"莹莹也笑了："我画了一只小花猫。""嗯，老师看出来了，真的是一只小花猫，我也喜欢。不过呀，桌子会说：'不要不要，我不喜欢花猫脸，我怕脏！我要干干净净的

脸！'"莹莹有点不好意思了："老师，我错了，以后不在桌子上画了。"老师又笑了："莹莹真是个聪明的小朋友！你可不可以把桌子上的小花猫擦掉，然后再在纸上画一张交给老师呢？老师给你贴在墙上，让小朋友们都来看看，好不好？""好，我现在就擦了，重新给老师画一张。"

四、沟通语的使用技巧

（一）认真倾听促沟通

【案例】

低头的磊磊（中班）

上美术课的时候，小朋友们都在认真听老师讲课，忽然，实习老师看见坐在后排的磊磊低着头，不知道在干什么。她很生气，就大声地批评了磊磊，磊磊说："老师，我……""我"字还没完全说出来，实习老师就打断了他："别说话了好不好？上课不认真听讲，搞小动作，这是不对的！"磊磊哭了，哭得很伤心。

指导老师看到后，马上把磊磊叫出了教室，和他展开了下面一段对话：

指导老师："磊磊，怎么哭了？"

磊磊："老师骂我，我难受。"

指导老师："刚才到底怎么了？跟老师仔细说说。"

磊磊："刚才上美术课的时候，我一低头，看见梅梅的好几支水彩笔在我脚边，也不知道是什么时候掉的。我就想捡起来，给梅梅放到桌子上，可是刚捡了两支，老师就骂我。"

指导老师："哦，是这么回事啊。"

磊磊："嗯。"

指导老师："那刚才是老师错怪你了，你是好孩子。不过，老师不是骂，是批评，但是老师不知道你在做好事，所以批评你是不对的。一会儿我跟老师说说，让她在班里表扬你，好不好？"

磊磊："好！"

（二）合理引导促沟通

沟通不总是一帆风顺的，当沟通不顺畅的时候，教师要对幼儿加以引导，促进有效沟通。常用的引导方法有以下几种：

1. 询问

沟通过程中的询问是为了确定下一步的方向，或收集更多的信息。苏霍姆林斯基说过："不了解孩子，不了解他们的思想、兴趣、爱好、才能、禀赋、倾向就谈不上教育。"幼儿思维较浅显，而且带有跳跃性，口头语言常常表述不清楚、不准确，导致沟通卡壳，通过询问，

可以引导幼儿一步步完成与教师的有效沟通。询问时最好以聊天的语气切入，亲切自然、语带关心，注意问题对谈话方向性的引导，并做到适时转换，以实现预定目标。

【案例】

不爱说话的圆圆（中班）

圆圆是个内向的孩子，很少主动和其他人说话，所以伙伴不多，显得有些孤单。马老师发现了这个情况，并且注意到当老师和别的小朋友说话的时候，圆圆常常会睁大了眼睛仔细听。马老师觉得应该引导圆圆和别人多交流，这样对她的健康成长才有利。于是，就有了下面的一段对话：

老师："圆圆，喜欢听老师说话吗？"

圆圆点头。

老师："圆圆家里都有什么人啊？"

圆圆："爷爷奶奶。"

老师："那爸爸妈妈呢？"

圆圆："干活挣钱去了。"

老师："去哪里挣钱了？"

圆圆："很远的地方。"

老师："你总见不到他们吗？"

圆圆点头，然后低下了头。

老师："圆圆，你跟爷爷奶奶说话多吗？告诉老师好不好？"

圆圆摇摇头："不多。"

老师："你喜欢看动画片吗？"

圆圆："喜欢。"

老师："喜欢看什么动画片啊？"

圆圆："喜欢看《西游记》。"

老师："还有别的吗？"

圆圆："还有《米老鼠和唐老鸭》《奥特曼》《哪吒》。"

老师："哦，有这么多啊，真不错！老师也喜欢看。"

圆圆眼睛里有了光彩："是吗？"

老师："嗯，你再跟老师说说，你都喜欢这些动画片里的什么角色啊？"

圆圆："嗯，我喜欢……"

老师："嗯，这些角色也都是老师喜欢的。老师还特别喜欢圆圆，喜欢听圆圆说话。你愿意以后多跟老师说话吗？"

圆圆："愿意。"

老师:"那好,老师希望以后能多听圆圆说话,上课的时候也要多回答问题,好不好?"

圆圆:"好!"

2. 认同

教师与幼儿沟通时,如果能在一定程度上表现出对幼儿的理解与认同,会激发幼儿进一步表述的欲望,易于达成师生心理的相通,实现良好的沟通效果。相反,如果对幼儿全盘否定,会产生更多的沟通障碍。当然,认同并不意味着幼儿都是对的。教师对幼儿表现出一定程度的认同,是为了进一步的沟通,以达成教育目的,所以认同之后,还要继续引导。

【案例】

爱说话的梅梅(中班)

梅梅性格外向,活泼可爱,平时特别爱说爱笑,在幼儿园里表现非常好,小伙伴们都喜欢她。可是,最近几天的梅梅总是无精打采、闷闷不乐,在幼儿园里的表现也不如以前了。老师感到很奇怪,就和她进行了下面的对话:

老师:"梅梅,你怎么了?为什么看起来不高兴啊?"

梅梅:"没事,我以后不说话了。"

老师:"你可是班里最爱说爱笑的,老师可喜欢你了。"

梅梅:"是吗?老师喜欢我吗?"

老师:"当然喜欢了。告诉老师,为什么不想说话了,好吗?"

梅梅:"妈妈说我说话太多了,而且净说没用的话。"

老师:"原来是因为这个呀,老师明白了。其实呀,老师小时候也特别爱说话,家长也批评过我。"

梅梅:"是吗?家长也批评过老师啊?"

老师:"嗯,当然,跟你一样。"

梅梅:"那后来呢?"

老师:"后来呀,我就想,应该说什么家长才会喜欢听呢?想来想去,我有了一个办法,那就是把在幼儿园学到的故事讲给他们听,还有,在他们工作的时候不去打扰,自己看故事书、学习知识。这样家长就喜欢听我说话了。"

梅梅:"那我也要像老师那样做。"

老师:"嗯,这就对了。"

【分析】

在这则案例中,幼儿因为在家里说话太多而受到批评或者责骂,心理受到压抑,在幼儿园里也表现不佳。教师发现后与幼儿沟通,先表扬幼儿,显示了对其以往表现的肯定和认同,为下一步的沟通铺路搭桥。找出问题之后,老师故意说自己小时候也和该幼儿一样,以认同的方式进一步拉近师生之间的感情。在此基础上，以自己儿时的做法为例，巧妙地引导幼儿，告诉她怎样做是正确的。认同，使得教师和幼儿之间的沟通变得顺畅。

3. 转移兴趣点

转移兴趣点是教师口语中一种比较特殊的引导方法。孩子有不良习惯或行为时，如果家长和教师正面批评劝导无效，可以尝试这种方法。其特点是引导用语往往不多，完全看不出教育者的目的，其语言甚至与目的在表面上是相悖的。其教育思路在于巧妙转移幼儿不良行为的兴趣点，可谓独出心裁。

【案例】

我不是坏孩子

淘淘是幼儿园里出了名的"坏孩子"，他最大的爱好就是欺负办理其他比他矮的小朋友，老师为此头疼不已。有一天幼儿园电视里正在播放动画片奥特曼，淘淘激动地大喊："我是奥特曼。"小张老师看到这一幕，马上走到淘淘面前说："淘淘，你喜欢奥特曼吗？"淘淘说："是的，他是我心里的英雄，因为他总能打跑小怪兽。"小张老师说："奥特曼之所以是英雄，因为他打跑的小怪兽都做了错事，奥特曼是在保护家园。淘淘你打的小朋友都是你的好朋友，他们都没有做错事。如果你想像奥特曼一样成为英雄，那你就应该保护你的朋友，而不应该欺负他们。"听完老师话，淘淘点点头。从那天起，淘淘再也没有打过班里其他小朋友。

【分析】

对于特别淘气的孩子，如果没有正面解决问题的方法，可以尝试转换思路。

（三）恰用体态促沟通

幼儿教师正确、积极的体态语言对幼儿非智力因素的发展有积极的影响。当幼儿因为胆怯而不敢发言时，教师信任的目光和赞美的点头能使幼儿得到自信和勇气；当幼儿随意大声讲话时，教师用手指着嘴示意停下，能使孩子认识到自己的错误，又不会伤害孩子的自尊，保护了孩子的心理健康，并使教学活动顺利进行。总之，教师的体态语能够起到表情达意、示范育人、组织调控的作用。

此外，运用沟通语时，教师的态度要认真、热情，不能冷漠对待幼儿，尽量少用表示否定的词语，如"不要拿别人的玩具""不许打人"等。

【案例】

我不是坏孩子（小班）

一天，浩浩正在进行晨间活动，他高高兴兴地跑到建筑角，准备拿积木拼搭，一不小心，一筐积木全翻倒在地上。老师生气地大声说："你怎么回事?！真讨厌！快把积木捡起来！"浩浩呆呆地站着。老师接着说："笨死了，玩具也不会捡，你没有手呀？你是故意的吧，我从来没有见过你这种小孩，爸爸妈妈也不会要你了！"听到这话，浩浩大声地哭了起来。

【分析】

通过以上案例可以清楚地看到，幼儿园是幼儿第一次较正规地步入的集体生活环境，对培养幼儿的社会适应能力起着决定性作用。幼儿社会态度和社会情感的培养应渗透在多种活动和一日生活的各个环节之中，创设一个能使幼儿感受到接纳、关爱和支持的良好环境。幼儿教师的爱和认可是师生间沟通的关键。

五、针对不同气质类型幼儿的沟通策略

（一）针对胆汁质幼儿的沟通策略

胆汁质幼儿气质特点：脾气暴躁，精力旺盛，胆子比较大。情绪高涨时，会克服一切困难完成任务；精力耗尽时，情绪会一落千丈。

（1）给予适度的关注，避免他们自以为是、缺乏约束力。

（2）给他们充分表达内心世界及创造性想法的机会。

（3）在交谈中，可直接指出其存在的不足或问题。

（4）可交给他们一些任务，使其在完成任务的过程中体会老师的信任，从而增强自控能力和责任感。

（5）侧重于自制能力和情感平衡性的教育，使其既能保持主动、热情和敢于创造的精神，又能克服急躁、粗暴、易怒的缺点。

（6）尽量降低声调、放慢语速，当孩子有什么过错时，不要当众批评，应在事后和风细雨地摆事实讲道理，以培养其理智的控制力。

（二）针对多血质幼儿的沟通策略

多血质幼儿气质特点：适应性强，喜欢交际，精神愉快，机智灵活；注意力不集中，缺乏耐心，不愿做细致的工作。

（1）侧重于谨慎、谦虚、稳定性、集中度和耐力的教育，以克服其容易轻率、疏忽大意、高估自己的毛病。

（2）对其优点不要当众表扬，缺点要及时指正批评。

（三）针对黏液质幼儿的沟通策略

黏液质幼儿气质特点：善于克制忍让，注意力集中，生活有规律；做事刻板认真，缺乏激情。

（1）加强对速度、效率及广泛兴趣的培养与训练，以使其既具有勤勉实在、坚毅和理智的品质，又具有积极热情的人生态度。

（2）多询问和倾听他们的心声；多与他们开展竞赛类活动，强化他们的效率观念；多带领他们广泛接触自然界、参与社会实践活动，提供丰富的感官刺激以激发其热情和积极性。

(3) 对他们表现出来的问题，应该用委婉的口吻在小范围内提示。

（四）针对抑郁质幼儿的沟通策略

抑郁质幼儿气质特点：做事情比较坚定，能克服困难；比较敏感，易受挫折，孤僻，有时候反应较慢。

(1) 加强对自信心、勇气和乐观主义的教育，以发扬其温顺、细致、富于同情心、聪明、体验深刻等优点，并克服其容易沮丧、自卑、消沉、怯懦、孤僻和优柔寡断的缺点。

(2) 少关注他们的不足之处，多发现其优点和成功之处，并马上给予表扬。多给予他们表现和展示的机会，帮助其不断获得快乐的体验感和成就感。

不同气质类型幼儿的心理表现如表10-1所示。

表10-1　不同气质类型幼儿的心理表现

神经类型	气质类型	心理表现
弱	抑郁质	敏感、畏缩、孤僻
强、不平衡	胆汁质	反应快、易冲动、难约束
强、不平衡、惰性	黏液质	安静、迟缓、有耐性
强、平衡、灵活	多血质	活泼、灵活、好交际

第三节　表　扬　语

一、表扬语的定义

表扬语是教师对幼儿施加的肯定性评价用语，主要是赞美幼儿正确的思想和行为，以达到巩固其优点、强化教育的效果。

二、表扬语的作用

莎士比亚说："赞美是照在人心灵上的阳光。"俗话说："好孩子不是教出来的，是夸出来的。"恰当地运用表扬，能让孩子认识什么是好坏、什么是善恶，增强是非观念，明白自己的优点与长处，并使之得到巩固和发展，还能使孩子得到精神上的满足和愉悦，从而更加努力上进。

三、表扬语的使用技巧

（一）要善于发现幼儿的闪光点

虽然每个幼儿的个性特点存在差异，但他们身上普遍存在着容易被忽视的可贵之处，即闪光点。对这些一闪而过的亮点，及时的表扬是对幼儿积极向上的愿望的"助燃"，而任何借口的拖延或遗忘（即使事后想起来）都会使其心灰意冷。因此，教师应善于挖掘幼儿的闪光点，并进行"热处理"和"助燃"，即及时给予肯定和表扬，并且具体表明为什么要表扬、什么地方值得表扬。有些幼儿很难管束，教师也要善于利用表扬来促进幼儿的转变和提升，真正实现育人的目的。

【案例】

班级里的小警察（中班）

张老师带中班时，班上有一个调皮好动的孩子皓皓，每次活动时，他一会儿到处乱跑，一会儿推推这个、摸摸那个，害得别的小朋友也不能好好参加活动，张老师没少批评教育他，但好像一点效果也没有。就在张老师对皓皓失去信心的时候，一个小细节却让张老师发现了他的一个优点。一次户外活动，皓皓站在台阶上挥动手臂，像模像样地学交警指挥交通。张老师走过去对他说："你做得真好，真像一个小警察。现在，老师和几个小朋友扮司机和乘客，你当警察，我们一起来玩一个游戏。"听了这话，皓皓很高兴，因为平时总是挨批评，今天终于受到表扬了。皓皓用兴奋的眼神望着张老师："好吧！"张老师进一步鼓励他说："你看，小朋友们都在等着你做游戏呢，我相信，你一定是一个能干的交通警察。"

在张老师的鼓励下，皓皓和小朋友们很快投入了游戏，在游戏中他确实表现不错，张老师及时地给予了表扬和鼓励，孩子们也纷纷鼓掌向他表示祝贺。从此以后，皓皓渐渐地变了，不仅改掉了许多不良行为习惯，还经常主动帮助老师拿送各种游戏器材、收拾玩具、摆放桌椅等。

【分析】

一个让老师渐渐失去信心的孩子，由于偶然的机会，被老师发现了皓皓身上的闪光点，老师抓住机会进行表扬，促进孩子一点点改变了不良习惯。对于教育者来说，我们缺少的不是对幼儿的批评，而是一双善于发现幼儿优点的眼睛。

（二）要恰当、适度

表扬要适度。言过其实的夸张称赞会使被表扬的幼儿不能正确地看待自己，助长其骄傲自满的思想，极易产生负面效应。同时，表扬还要适量。过多的表扬不但对幼儿起不到教育作用，还会助长其不良的品格。家长和教师是幼儿心目中至高无上的权威，他们对幼儿的评价与态度会被幼儿当作自我评价的主要甚至是唯一标准。为了继续得到表扬，某些幼儿会以成人对自己言行举止的评价为标准，调节自己的行为，以取悦成人，乃至形成悦人型人格倾向，缺乏独立判断是非的能力，长大后其情绪容易被他人的好恶所左右，承受打击和挫折的能力也会非常差，适应力不强，生活得不快乐、不自信。此外，教师如果经常在幼儿群体中过多赞美个别幼儿，会使其他幼儿形成相形见绌的自我心理暗示，潜意识里会对自我产生否定性评价。

【案例】

谁是最棒的？（中班）

皮皮是个很让人喜欢的孩子，家长和周围的人总是夸他，说他比别人都聪明，干什么都比别人棒，所以皮皮天天耳朵里听到的都是"你最聪明""你唱得最好""你画得最好"之类的话，他非常得意，心里觉得自己就是最出色的，比别人都强。

有一天，老师组织了单词小竞赛。皮皮平时英语不错，总能得到老师表扬，可是今天由于粗心大意，说错了一个单词，而好几个小朋友都得了满分。英语老师夸那几个小朋友，说他们是"最棒的"，这下皮皮受不了了，回到家就哭了。家长问他为什么哭，他说了原因，然后还哭着说："他们凭什么都对了？他们不是最棒的，我才是最棒的！""对，对，我们皮皮才是最棒的，他们都不如我们皮皮棒！"

【分析】

孩子的成长需要肯定和表扬，但是过度的、不切实际的表扬很有可能捧杀孩子。本案例中，皮皮由于习惯于被别人说成是最好的，导致自我认知出现偏差，一次小小的英语单词竞赛就让他变得畸形的心态暴露无遗。最可怕的是，家长发现问题后，不是去找真正的原因，而是依然用虚假的赞赏宽慰幼儿，错上加错。

（三）形式要生动活泼

表扬语要避免过于单一，要针对不同的情况，使用不同的表扬语，使幼儿的思维始终保持活跃的状态。除教师对幼儿予以正确的评价外，还可调动其他幼儿参与表扬和激励，使被表扬的幼儿的优点、进步得到广泛的认同。一个会心的微笑、一个赞许的眼神、一个亲昵的拍脸动作、一次拥抱都可作为表扬语的辅助形式。

【案例】

妈妈眼里的画（中班）

小哲喜欢画画，每画一幅都会拿给妈妈看。妈妈为了鼓励小哲，总是表现得很惊讶，"宝宝，你画得太好了！""这是我看过最漂亮的画！"小哲听了妈妈的表扬后，总是很满意地离开。但久而久之，小哲的画艺并没有长进，而且很不愿意听到不同的意见，要是妈妈偶尔表现得平淡了点，小哲就又哭又闹。

小樱也是个喜欢画画的孩子，每次她把画好的画给妈妈看时，妈妈总是会仔细看过她的画之后再找出称赞点，比如："宝宝的色彩用得很好。""小鸟画得很生动。""如果你下次注意把颜色涂得更均匀些，那就更棒了。"相比之下，小樱的画艺进步得很快，而且很愿意接受别人的意见。

【分析】

好孩子是夸出来的，但时间久了、重复的次数多了，不但起不到好的作用，反而会适得其反。而有针对性的、具体的表扬，会让孩子觉得对方非常重视他，不仅会特别开心，还会积极完善自己的不足之处，这才是有效的表扬。

【案例】

迟到的树叶（小班）

一天下午，幼儿园某小班开展活动，实习老师让幼儿们去操场上捡树叶，然后放到教室的自然角，供大家观察、学习。甜甜落在后面，捡得不多。放学后，爸爸来接她，她请求爸爸和她一起在路上又捡了一些树叶，第二天早晨高兴地带到了幼儿园，交给实习老师。

甜甜："老师，我又捡了一些树叶，你看！"

实习老师草草瞥了一眼树叶："昨天下午让你捡你不捡，今天不让你捡，你倒捡了这么些！"

甜甜低下了头，看着自己手上的树叶，眼泪似乎要流出来了。

实习老师一看这情况，也没了主意："快放到自然角去吧。"

这时候，指导老师快步走到甜甜身边，蹲下身子，开始和甜甜说话。

指导老师："甜甜，树叶真不少啊！这些都是你捡的吗？"

甜甜听到老师夸自己捡得树叶多，情绪稍有好转："我和爸爸一起捡的。"

指导老师："哦，是在路上捡的吗？来，让老师好好看看。"

甜甜："嗯，给你。"

指导老师从甜甜手里小心地接过叶子，一片片仔细观看："嗯，真漂亮啊！"

甜甜脸上有了笑容："嗯，你看，这是银杏叶，这是枫叶。"

指导老师竖起大拇指："甜甜真棒！老师特别喜欢这些叶子。"

甜甜情绪高涨起来："嗯，我也喜欢。"

指导老师把叶子交给甜甜，轻轻地拍了拍她的后背："让这些叶子到自然角去安家吧！"

甜甜："嗯。"（笑着去放好了树叶）

【分析】

当幼儿把捡来的树叶交给实习老师的时候，因为已经过了捡树叶活动的时间，实习老师流露出了不耐烦、冷漠的表情，使用了批评性的语言，极大地打击了幼儿的积极性。见此情境，指导老师的处理显示出了她丰富的经验。为了化解这一"风波"，她恰当地运用了体态语言和幼儿沟通交流。首先，指导老师蹲下身子，平视幼儿，让幼儿感觉到平等和尊重，搭建了顺利沟通的心理平台。然后通过仔细观看叶子，表现出了对幼儿认真的态度。接下来，教师竖起大拇指赞美幼儿，彻底扭转了幼儿低落的情绪，最后以轻轻拍背这个亲近型态势语完成了整个沟通。

在这个短短的沟通过程中，教师对态势语的恰当使用是对幼儿拳拳爱心的体现，是纯熟的教育技巧和高度的教育智慧的完美结合。在成功化解这一小小教育"危机"的过程中，实现了对幼儿的引导，同时也给实习老师上了生动的一课。

（四）语气、语调要真诚、热情

幼儿年龄虽小，对成人说话时的语气、表情、动作还是相当敏感的。表扬语要避免语气平淡、语调呆板，否则会削减表扬的力度，甚至适得其反。

四、针对不同气质类型幼儿的表扬策略

（1）对多血质、胆汁质幼儿的表扬要投其所好、直接明了，使其扬长避短。

（2）对黏液质、抑郁质幼儿的表扬要情真意切、活泼热情，辅以态势语，使其树立自信心。

【案例1】

我不会（小班）

班上有一个性格内向的小男孩聪聪，每次画画都有畏难情绪，总是怯怯地说："老师，我不会。"为了让他树立自信，教师先带聪聪看了看别的小朋友是怎么画的，告诉他怎么握笔、怎么画第一笔，甚至握着他的手帮他画。聪聪渐渐不再觉得画画很难，"我不会"这样的话越来越少，画面上的内容也渐渐多了起来。在一次"帮外婆烧菜"的美术活动中，聪聪把"烧"好的茄子和青菜拿来给老师看，老师马上表扬了他："哇，你这么快就'烧'好了两个菜，老师真想马上就吃。等你把菜全'烧'好，我们和其他小朋友一起吃，好吗？"聪聪非常高兴，继续认真"烧菜"。

【案例2】

胆小的亮亮（中班）

音乐课上，小朋友们都随着音乐唱歌跳舞，蹦蹦跳跳，非常欢快。王老师希望小朋友们自告奋勇到前面表演，很多幼儿都很兴奋，争先恐后地举手上台。在王老师的安排下，有几个小朋友得到了机会，高高兴兴地跑到前面，把儿歌和舞蹈给大家表演了一遍。亮亮做得也不错，但他胆子小，不敢在大家面前表现。王老师就看着他说："亮亮，刚才老师注意到你唱得非常好听，舞蹈也跳得挺好！来，到前边来，给大家表演一下，同学们都爱看，老师也爱看！"王老师说话的语气亲切而坚定，目光里充满了期待和对亮亮的喜爱，边说边用手势示意

他到前边来。亮亮受到鼓舞，马上站起身来跑到最前面，开始和着音乐给大家表演。表演结束后，王老师再次肯定了亮亮，同时表示放学时要跟前来接他的妈妈说一说，让妈妈也表扬他一下，希望下次课上亮亮也认真学、好好做，争取还到前面来给大家表演。亮亮很受鼓舞，点头答应了王老师。

【分析】

对于主动性不强或胆子比较小的幼儿，教师要多给予正向的鼓动与激发。本案例中，亮亮就是一个胆子比较小的幼儿，教师沟通时就采取了正向鼓动的方法，语言简洁、信息明确，同时辅以简洁有力的手势，极大地鼓舞了亮亮，使他在不知不觉中战胜了自己，克服了胆怯的缺点，完成了儿歌的表演。

第四节 批 评 语

一、批评语的定义

批评是对幼儿不良言行作出否定的评价，它是一种教育手段，为的是引起幼儿的警觉，使其自觉纠正缺点或错误，规范自己的行为，有时还能从反面激发幼儿积极向上的动力。合格的幼儿教师既要敢于批评，又要善于批评。

二、批评语的作用

第一，适当的批评能够让幼儿知道自己的不足，然后改正。
第二，巧妙的批评能够帮助幼儿明辨是非，培养幼儿良好的道德品质。

三、批评语的使用技巧

（一）控制情绪，用语客观

实施批评必须先调整好自己的心理，控制好自己的情绪，言辞才会恳切，才不会说过头话。

【案例】

画纸不见了（大班）

明明是个聪明好动的男孩，可是每当老师、小朋友指出他犯的错误时，他总是百般辩解，不愿认错，还有点不服气。一次美术活动时，老师让小朋友们画长大了的自己。明明画了一会儿，忽然说没有纸。老师分明看到他画好了自画像，这是怎么回事呢？于是老师问明明："你的纸呢？"明明说："小组长没发给我。"小组长急忙说："我发了呀！"老师接着说："是不是你把纸撕坏了？"明明仍坚持说没发纸给他。老师耐心地告诉他，如果不小心把纸撕坏了，老师是不会批评他的。明明听了仍然不停地重复："我就是没领到纸，就是没有！"表现得十分坚定。

可恰好这时，他的裤兜里掉出了那张画纸，老师正想批评他，只听他嘟哝道："我画得不好，怕老师批评我才胡说的。"老师微笑着把明明领到一边，悄悄地对他说："你是一个好孩子，好孩子也会有做错事的时候。以后不小心做错了事要和老师说，老师保证不随便批评你！我们拉钩好吗？"明明高兴地伸出了小手。从此以后，他上课时格外专注了，各方面的表现都有了很大的进步。

【分析】

教师的言行对幼儿的影响很大，作为教师，一定要注意自己的言行，学会在肯定中批评，处理问题时要控制自己的情绪，想一想怎么做才能使幼儿的人格得到健康的发展。

（二）一事一评，忌算总账，忌下结论式批评

算总账式的批评是对幼儿的全盘否定，容易让幼儿形成自我否定的心理定式。教师要就事论事，千万不要对幼儿下定性的结论。

（三）少做剖析，多说利弊

少做理性的剖析，重在简单明了地指出错误可能会造成的后果。

（四）不厌重复，刚中显柔

幼儿自控能力弱，教师的批评并不一定能一次奏效，因此要经常指点。为了达到目的，语气可以强硬一些。如："拉椅子的声音怎么这么响？我听到小椅子喊疼了。是哪个小朋友把椅子的腿拉疼了呀？"在对幼儿进行批评时，必须让幼儿体会到教师的关心和期待，必须坚持正面教育。用尖刻的言辞挖苦、训斥幼儿，不仅是教育口语运用的大忌，更是教育的重大失误。

四、针对不同气质类型幼儿的批评策略

（1）多血质幼儿易接受批评，但往往忘得也快。因此，对这类幼儿的批评应开门见山，但须注意保护其自尊心和积极性。

（2）胆汁质幼儿易冲动、要强，而且经常质疑公平性。因此，对这类幼儿的批评应等到其情绪平静后，态度温和地进行诱导。

（3）黏液质幼儿往往需要更多的时间来消化批评，一旦明白了道理，一般很少重犯错误。因此，对这类幼儿，教师一定要给他们反思的时间和机会，要有耐心。

（4）抑郁质幼儿表露错误的机会不多，因而受批评的概率也相对较低。对这类幼儿，应以鼓励为主，即使批评也应尽可能委婉含蓄。

【案例】

在纸上画画（小班）

小李老师抓住了正在桌子上乱画的小明，便给小朋友们讲了《小猪找朋友》的故事。讲完后，小李老师问："大家说说，小狗、小猫为什么不愿意和小猪做朋友？""因为小猪在小狗、小猫家门口乱画。""现在，老师想请小朋友找一找，我们活动室里有没有人乱涂乱画？"小朋友们在墙上、桌椅上找到了乱涂乱画的痕迹。"那我们能不能想个办法，把这些脏东西去掉？""用毛巾擦。""用洗洁精洗。"小李老师给每个小朋友发了一块小抹布，让大家蘸上洗洁精擦。小朋友们发现只有瓷砖上的痕迹能擦干净，其他地方都不行，就找老师想办法。"这些痕迹擦不干净，只能用油漆和涂料重新粉刷了，可是油漆和涂料有气味，只能等到放假的时候再刷。活动室是老师和小朋友们一起学习和游戏的地方，大家都要爱护它。以后小朋友们想画画，请到老师这里来拿纸，画在纸上，和小朋友们一起欣赏，好不好？"小朋友们听了，纷纷表示再也不乱画了，而且真的都做到了。

【分析】

每个孩子都有一颗富有想象力的心，好奇、好动是他们的天性。在这个案例中，教师用间接引导的形式告诉孩子要爱护周围的环境，既保护了孩子的自尊心，又收到了很好的效果。

第五节 说 服 语

一、说服语的定义

说服语就是使幼儿听从和接受某种意见、主张、措施或办法。它是教育幼儿的一种方式，也是一门艺术。当幼儿发生争执、纠纷等问题时，教师恰当和及时的说服是十分必要的。

二、说服语的作用

第一，恰当的说服语可以让幼儿在轻松愉悦的心理状态下接受正确观点，养成良好的行为习惯。

第二，恰当有效的说服可以保证幼儿教育活动的顺利开展。

三、说服语的使用技巧

（1）要有明确的目的，充分了解幼儿，并分析问题的根源，以有效地说服幼儿。要考虑幼儿的身心特点和接受能力，避免将自己的主观认识强加给幼儿。

（2）说服语往往围绕一个中心，解决一个主要问题，循循善诱，以理服人。切忌主次不分，武断轻率，说大话、套话、空话，以及用教师的身份压服幼儿等。要尊重幼儿，注意分寸，留有余地；要多从正面诱导，既要求严格，又态度和蔼；可以采用疏导、暗示等方法。

（3）应根据幼儿的气质特点使用相应的说服语，并且注重"言传"和"身教"的结合，做到言行一致。

1）对多血质幼儿的说服要注意语意的"先承后转"。多血质的幼儿外向好动，适应和理解事物快，因此可不用太多暗示，稍作迂回、铺垫后，即可引出自己要说的话，如用"当然……但是……"这样的句式，往往能达到以柔克刚的效果。

2）对黏液质和抑郁质幼儿的说服应多一些理解，巧用暗示和诱导。内向、细心的黏液质幼儿以及怯懦、敏感的抑郁质幼儿在进入某种情绪体验时，持续时间往往比较长。针对这样的特点，教师对幼儿进行说服时，要亲切、温和、点到为止，要言此意彼，积极暗示和启发幼儿多角度思考问题，并给出建议，善于思考的黏液质幼儿和敏感的抑郁质幼儿都会积极调整自己的行为。

3）对胆汁质幼儿的说服应多一些宽容和耐心。胆汁质幼儿容易因为激动而听不进去教师的话，因此，教师应尽量弱化语势，减轻用词的分量，淡化词义的感情色彩，巧用诱导的方式，用缓慢的语速和较平稳的语调、语态与其沟通，使其在平等、理解的前提下愿意接受教师的意见和建议。

【案例】

地上的香蕉皮（小班）

教师A："是谁把香蕉皮扔在地上的？是谁干的？是想让人踩在上面栽个大跟斗吗？谁丢的？站出来！"扔香蕉皮的幼儿一愣，没有动——教师一连串的质问显得咄咄逼人，溢于言表的严厉让幼儿产生了抵触和恐惧。

教师B："地上丢的是什么呀？哦，是香蕉皮，谁踩到了肯定会摔倒的。怎么办？小朋友们都是讲卫生的孩子，恐怕是香蕉太好吃了，一下子忘了把皮扔进垃圾箱了吧？现在，这位小朋友想起来没有？来，把它拣起来，丢进垃圾箱里！以后我们可都别忘了呀！"扔香蕉皮的幼儿吐吐舌头，马上捡了起来——教师弱化了指责，用委婉的方式表现出了宽容，既指出了错误行为的危害性，也诱导了幼儿主动纠正错误。

第六节 激励语

一、激励语的定义

激励语是教师在日常教育活动中用于鼓励幼儿的一种语言，往往用在幼儿遇到挫折或者困难时。

二、激励语的作用

恰当的激励语可以使幼儿受到鼓舞，精神感到振奋；还可以调动幼儿的积极性，使用将各种规则和要求转化为自觉的行动。

三、激励语的使用技巧

（一）对多血质、胆汁质幼儿要在"抬高"中"煽动"

对于热情但容易冲动的多血质、胆汁质幼儿，教师的语言要富于"煽动性"，目光直视，并适当增加态势语，使幼儿的情绪高涨；同时还要善于趁热打铁，点出问题核心，委婉表明态度和要求，有意"抬高"幼儿，达到使其热情澎湃而自愿采取行动的效果。

例如小朋友们都喜欢带些小玩具来幼儿园与小伙伴一起玩，但明明只想玩别人的玩具，不愿意把自己的玩具给别人玩，所以小朋友们都不愿意和他玩。这时，老师一边把明明带来的玩具拿给小朋友看，一边说："你们看，这是明明带来的玩具，可好玩啦！明明带来就是和小朋友们一起玩的，我们对他说什么呀？"小朋友们马上大声地说："谢谢明明！"（发动集体的力量"煽动"情绪）明明不好意思拒绝，听了老师和小朋友们的感谢又有点感动。老师紧接着又说："明明，你今天真大方，愿意把自己的玩具给小朋友们玩了。真棒！"（趁热打铁）本来还在犹豫的明明被老师的话"抬"得高兴了，就大大方方地把玩具给了小朋友们。活动结束后，老师又在大家面前表扬了他，再一次肯定了他的行为，把小家伙乐得合不拢嘴。

（二）对黏液质幼儿要在抚慰中启发

挫折、失败是难以避免的，多数情况下，幼儿的表现是哭鼻子、发脾气。这时候，教师恰当的激励语就显得更加重要：应使用悦耳、活泼的语言，面带微笑的表情，给予幼儿抚慰，平复其情绪，鼓励和引导他们参加活动；同时，要注意启发幼儿多角度地思考和解决问题，帮助他们寻找失败的原因，使他们思维活跃、性格开朗起来。

【案例】

我也可以

游戏活动时间到了，老师让大家在游戏区根据自己喜好搭建房子，别的小朋友已经搭的差不多时候，老师发现琪琪还在把一个个的不同颜色的七巧板进行分类。老师走过去，微笑着问："琪琪，需要老师帮助吗?"琪琪点点头说："老师我想搭建一个七彩的房子，可是这里只有六种颜色木板，你能帮我找一个紫色吗?"老师笑着说："琪琪真棒，观察真仔细，都能发现没有紫色的木板，老师来帮你找。"最后在老师帮助和鼓励下，琪琪搭建了一个漂亮的小房子。

（三）对抑郁质幼儿要多理解帮助

当代社会的孩子们虽然生活条件优越了，可是抗挫能力较差，对自己没有信心，遇到困难就退缩。但每个人都是向往成功的，幼儿也是如此。每一点微小的成功，在成人眼里可能微不足道，却可能点燃幼儿心中的希望之火。因此，注意观察幼儿，捕捉幼儿点点滴滴的成功，并在关键时刻适当地给予帮助，可使幼儿坚定战胜困难的决心。特别是对于敏感、孤僻但又细心的抑郁质幼儿，教师更需要用亲切、柔和的语气和和蔼的目光与其对话，用肯定性的评价帮助他们树立信心，积极参与到各项集体活动中来。

【案例】

寻找自信（中班）

班上有一个自理能力较差的女孩子圆圆，做事情动作缓慢，小朋友们都不喜欢和她玩，个别调皮的幼儿甚至会取笑她。为了帮助圆圆走出困境，老师设法捕捉她的闪光点，发现她的记忆力还不错，上英语课时很专心，每次学新单词都不比别人慢。老师便鼓励圆圆，让她念英语单词给大家听，她渐渐有了成就感，找到了自信，小朋友们也愿意和她一起玩了。

第七节 评价语

一、评价语的定义

评价语，即教师在园所活动中使用的即时的、情境性的口头评价。

二、评价语的作用

恰当的评价能点拨、引导、激励幼儿的表现，是幼儿成长的沃土。在幼儿园，幼儿往往不大关心自己在做什么，对教师的评价却十分关注。他们喜欢把教师的赞誉、夸奖看作是自己积极行为的结果。可见，教学评价特别是其中的赞誉、夸奖等，对幼儿发展的作用是不可忽视的。

三、评价语的使用技巧

（一）真

真即真心。情真意切，让幼儿感到实在、亲切。只有真心才能换取真情，只有真诚才能换取真爱。教育，是一种温暖的抚爱，"没有爱就没有教育"。教师的评价语应发自内心深处，真诚而亲切地自然流露。唯有如此，教师才能博得幼儿的信任，赢得幼儿的真心。

例如："你的发言给了我很大的启发，真谢谢你！""说错是正常的，老师也会有说错的时候，没有关系，再说一遍。""扬扬，你终于牢牢地记住了这件事情，我真高兴。"当幼儿提出了一个有价值的问题时，教师可走上前去，握住幼儿的小手，注视着他的眼睛，夸赞道："你的眼睛可真厉害，能发现别人发现不了的问题，多了不起呀！"这样的评价语会使幼儿心花怒放、信心倍增。相反，诸如"不错""很好"之类的评价语，既没有真情，又没有真心，不仅激发不了幼儿学习的积极性，而且有可能挫伤幼儿的自尊心。

【案例】

谁的小鱼最好

美术教学活动中，张老师引导孩子们观察海底世界，并画出海里鱼类。不一会儿孩子们都画完了。

亮亮："老师我画完了。"

老师："亮亮画的真不错。"

红红："老师我画完了。"

老师："红红画得也很好。"

一时间孩子们纷纷涌向老师问："老师、老师，我的呢？"

老师一时间顾不了所有小朋友，只能说："嗯嗯，都好着呢。"

淘淘："老师你觉得我画的好还是亮亮画得好？"

芳芳："老师，你看亮亮的鱼都没有画尾巴，你都表扬他画得好。可是我觉得他画得不好呀。"

面对孩子的问题，老师一时之间不知道该说什么了……

【分析】

诸如此类的表扬，幼儿刚开始可能会十分高兴。但从课堂反应来看，显然听的次数多了，幼儿基本毫无感觉，评价语也就失去了应有的激励作用。

（二）准

准即准确。简明、准确、有针对性，让幼儿听得真切明白。准确性是评价语的灵魂，没有灵魂，教师的评价语就没有了生命力。所以教师的评价语要精准到位，给予幼儿恰如其分的评价。另外，教师在评价幼儿时还要注意，既不能一味简单赞扬，也不能草率批评，要让幼儿知道自己好在哪里、错在何处。

例如："你的想法很有创意，如果声音再大点就更好了，可以响亮地再说一遍吗？""你的目光告诉老师你理解了，但一时说不清楚，让其他小朋友帮帮你好吗？"这样的评价语针对性强，能给幼儿以鼓励，又能帮助幼儿及时完善不足之处。

【案例】

我是小小桥梁设计师（中班）

游戏课上，老师给大家发放了积木和其他材料，让孩子们搭建自己心中的立交桥。小朋友们都开始认真搭建，不一会儿，明明就大声说："老师，我搭好了。"老师闻声过去一看，只见明明把两个长方形积木放在一个拱形积木下，乍一看确实是桥的样子，但是这和老师想让小朋友们搭建的立交桥差距很大。老师明白明明搭得这么快是想得到表扬，但又想告诉他这座桥搭得太简单。于是老师微笑着说："明明你真棒，搭得这么快，可是只有两根柱子的桥是不是不够稳固？如果我们给桥多装几根柱子，是不是就会更结实？如果多搭几层，是不是就有更多车可以从桥上通过？"随着老师的不断提问和鼓励，明明不断地完善自己那座潦草的小桥，最后搭建成了一座多层多通道的双向桥。

（三）活

活即灵活。灵活变通，让幼儿获得自信。课堂上会有诸多偶发因素和事件，教师应根据幼儿当时的状况，灵活变通地运用评价语。

例如在数学活动"7的形成"中，老师在黑板上贴了7个苹果教具，让幼儿数数有几个。一位平时不爱发言的幼儿举了手，老师便请他上来数苹果。当他点数完成时，恰巧有一个苹果从黑板上掉了下来。老师借题发挥："你数得真好，看，连苹果都出来祝贺你了。现在请你把苹果送回去，好吗？"机智的评价既鼓励了幼儿，又灵活地处理了偶发事件，可谓一举两得。

（四）新

新即有新意。富于变化，让幼儿耳目一新、喜闻乐见。教师应广泛搜集、加强积累，使评价语常用常新，时时给幼儿以因时、因情、因景、因人而异的新鲜评语。

例如："你很会思考，真像一个小科学家！""瞧瞧，真像有火眼金睛一样，发现得又多又快。""连这些都知道，真不愧是班级小博士！"

（五）趣

趣即幽默风趣。幽默风趣，让幼儿轻松愉快地接受教育、获得知识。教师的评价语不能单调，应富于变化、幽默风趣，以有效调节师幼情绪、激活课堂气氛。为此，教师可不采用直接的评价语，而是结合活动中的情境对幼儿的表现予以反馈。

例如在讲完《龟兔赛跑》的故事后，老师请一位幼儿回答问题，幼儿的声音太小，以至于大家都听不清楚。于是，老师笑着说："这只小白兔可能跑得太累了，话都说不出来啦！我们再请一只声音响亮的兔子来回答，好不好？"孩子们笑了，他们领会了老师的意思，下面举手的幼儿更多了，发言的声音也更响亮了。

总的来说，教师应从多个角度，以公正的、发展的眼光去关注幼儿的思维能力、学习方法，对每一个幼儿都抱以积极的态度，寻找他们的闪光点，并给予充分的肯定和欣赏，留住孩子最宝贵的兴趣和好奇心，让评价语成为滋润幼儿心灵的甘泉。

四、针对不同气质类型幼儿的评价策略

"一把钥匙开一把锁"，评价语还需根据幼儿的个性、气质差异，从实际出发，做到因人而异。

（一）对多血质幼儿应多一些赏识与鼓励，多戴"高帽子"

对热情好胜但又粗心大意、虎头蛇尾的多血质幼儿，要多一些赏识和鼓励，多戴"高帽子"，以"煽动"、保护他们的好奇心和求知欲，帮助其发展思维能力，激发想象力和创造潜能。同时，教师还应该善于调动幼儿的各种思维方法，帮助幼儿对具体问题进行分析，使其扬长避短，以最大限度地提升评价语的积极效果。

例如在"小兔运南瓜"的语言活动里，幼儿思维异常活跃，想出了很多种搬南瓜的办法：如果老牛伯伯正好拉着车经过，就可以请牛伯伯顺路把南瓜运回家；如果旁边正好有一条小河，就可以把南瓜放入河中，让它顺水漂回家；可以找一些气球绑在南瓜柄上，把南瓜吊在空中，再找一根绳子把南瓜拉回家；可以请大象伯伯用鼻子把南瓜卷回家；可以找飞机把南瓜运回家；等等。这些办法都有其合理性，也有其局限性。教师应充分肯定幼儿的想法很有创意，再追问："这些办法哪个最好呢？"由此引发孩子们继续讨论。

（二）对黏液质幼儿应多一点幽默和信心，引导其主动进步

对于内向、谨小慎微，但又细心、爱思考的黏液质幼儿来说，他们的情感表现往往是与其他孩子不同的。教师要有信心，要充满期待，多用鼓励、活泼、幽默的评价语帮助他们、引导他们。同时，还要尊重幼儿的情感，以避免幼儿产生自卑、自负或自欺等错误的自我认识。

例如小男孩豆豆很想表达自己，但就是不敢举手。一天，他破天荒地举起了手，老师马上以极大的热情让他发表自己的见解，可是他站起来什么也说不清。老师耐住性子，不停地给他鼓劲打气："别急，慢慢说，老师相信你一定能说得好的。你的想法肯定特别好！"豆豆憋红了脸，在老师的不断鼓励与提示下，终于说明白了他想要表达的意思。老师马上竖起大拇指："棒极了！我会期待你下一次的好主意！加油哦！"豆豆脸上洋溢着成功的喜悦，点头

坐下了。在教师真诚的期待中，幼儿往往能在反复的尝试中获得成功和积极向上的情感体验，从而更加主动地参与各种活动。

（三）对胆汁质幼儿应多一些宽容与耐心，使其扬长避短

对一个充满了好奇心的孩子来说，任何体验都是全新的，而在探究和发现中，失误也是难免的。对于这类幼儿，教师要多看到他们的优点，并试着透过缺点和错误去发现他们的闪光点，多一些宽容和理解，适当地戴一戴"高帽子"，语言委婉、柔和，多一些商量和探讨，使其明确自己的不足和优点，以便今后主动扬长避短。

（四）对抑郁质幼儿应多一点亲近和肯定，拉近双方的距离

所谓"亲其师而信其道"，教师的情感是影响活动气氛的关键，特别是对于敏感、胆小，害怕在集体面前表现，但同时又很细心敏感、渴望关注的抑郁质幼儿来说，教师信任、亲切的情感不仅能缩短师幼双方在心理上的距离，还能使幼儿得到自我肯定和心理满足，激起对教师的信任和爱戴。

总的来说，在幼儿园教育实践中，经常把沟通、表扬、批评、说服、激励和评价结合在一起使用。教师语言技能的运用与观察技能是密切相连的，正确的语言指导基于准确的观察。从我国幼儿教育的现状看，每个幼儿园的班容量都较大，这就给教师的工作增加了相当大的难度。因此也就更加要求幼儿教师学会"眼观六路，耳听八方"，时刻观察幼儿的一切活动，做到"心到、眼到、手到、嘴到"。观察得细致、周到，语言的指导才会更加准确、到位。

拓展阅读

（1）在幼儿园一日生活环节（入园、盥洗、进餐、喝水、如厕、午睡、自由活动）中，教师会使用哪些教育口语来进行指导？在使用这些教育口语时，需要注意哪些问题？扫码了解一下吧。

（2）在与幼儿的沟通交流中，幼儿教师应如何巧妙应对？扫码了解一下吧。

（3）针对不同年龄阶段幼儿常见的问题，有哪些口语技巧？扫码了解一下吧。

| 幼儿教师生活活动各环节教师指导用语 | 幼儿教师常用语（30句） | 应对各年龄阶段幼儿常见问题的口语技巧 |

课后作业

（1）论述教育口语的特点和原则。

（2）结合案例，说说幼儿园一日生活中会用到哪些教育口语。

（3）访问一位幼儿园教师，向他请教对幼儿说话时应该注意哪些方面。

第十一章

幼儿教师交际口语

章前故事

小陈今年刚刚从学校毕业，来到××幼儿园担任配班老师。幼儿园实行"三教轮保"管理制度，除了小陈老师，还有主班的魏老师和保育员张老师。小陈老师作为新人，很多事都是第一次接触。有一天，小朋友们吃完饭后准备午休，森森说："老师，我想去厕所。"小陈老师便让森森赶紧去厕所。可是没过五分钟，森森又要去厕所，小陈老师没办法，只能让森森又去了一趟。过了十分钟，森森又要去厕所，小陈老师正和其他小朋友说话，就"嗯"了一声。魏老师午休巡视的时候，发现森森不在床上，便问小陈老师森森去哪儿了，小陈老师说去厕所了。魏老师听完眉头一紧，凭借多年经验，她立刻想到森森一定不是上厕所，而是去玩水了。两位老师马上去厕所查看，不出所料，森森果然在洗手池那里玩水，袖子、裤子已经全部湿透。魏老师有些生气地说："森森，谁让你玩水的？你看看，衣服都湿透了。"说完，就赶紧带森森去换衣服了。可是当时森森没有带换洗的衣裤，魏老师让小陈老师给森森家长打电话说清原因，希望他们给孩子送来新的衣裤。小陈老师直接打电话给森森家长说："你的孩子在学校玩水，自己把衣服弄湿了，你们赶紧来送衣服。"家长听了小陈老师的话，怒气冲冲地来到学校，责备道："你们老师是干什么的？孩子玩水，你们也不管一下，这下衣服湿了，孩子也感冒了。"这件事还惊动了园长，最后家长怒气冲冲地离开了。一直到放学，魏老师都没主动跟小陈老师说话，小陈老师跟她说话时，她也是爱答不理的，连平时和善的保育员张老师跟小陈老师说话时也带着怨气。小陈老师觉得有些不对劲儿，也很委屈，但又不知道是哪里出了问题。

【思考】

（1）同学们，你们知道小陈老师错在哪里吗？

(2) 在幼儿园日常工作中，与同事沟通的原则是什么？
(3) 在幼儿园日常工作中，与家长沟通时需要掌握哪些技巧？

带着以上三个问题，我们进入本章课程的学习和探索，希望同学们在学习完本章知识后，能够结合幼儿教师职业道德行为准则，对幼儿教师在日常工作中交际口语的具体要求和沟通策略有全面的了解。在工作中做到谦虚谨慎、尊重同事，与同事互相学习、互相帮助；尊重家长，热情服务，与家长合力助教，共同促进幼儿健康发展。

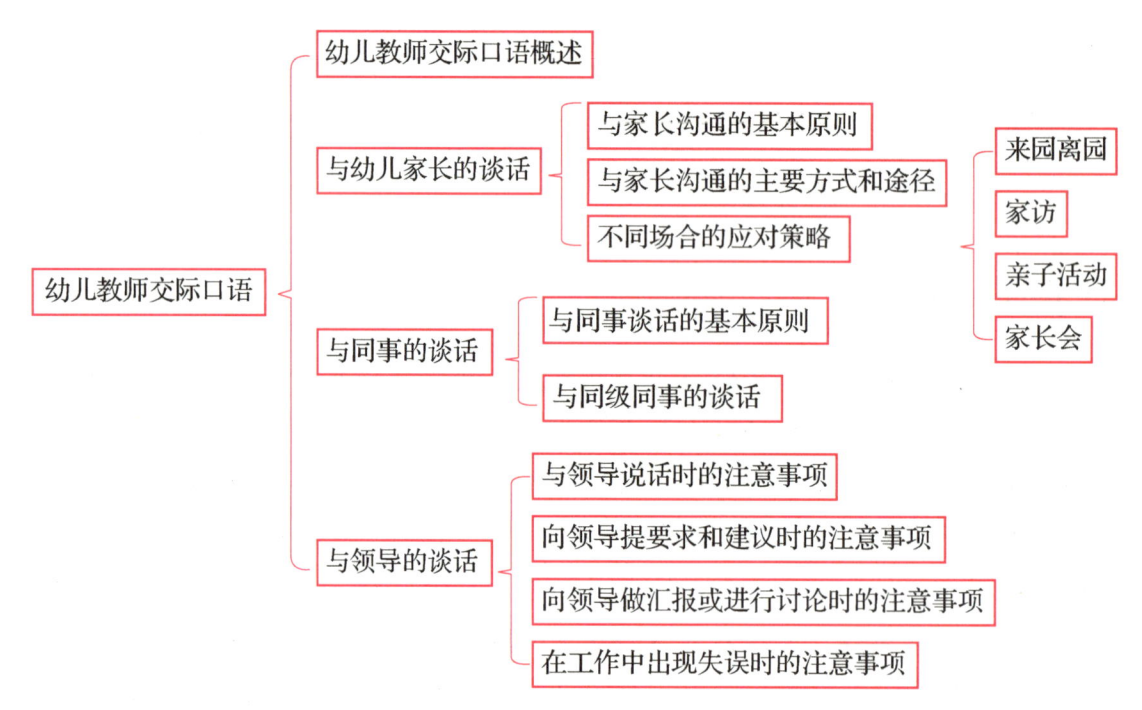

知识导图

- 幼儿教师交际口语
  - 幼儿教师交际口语概述
  - 与幼儿家长的谈话
    - 与家长沟通的基本原则
    - 与家长沟通的主要方式和途径
      - 来园离园
      - 家访
      - 亲子活动
      - 家长会
    - 不同场合的应对策略
  - 与同事的谈话
    - 与同事谈话的基本原则
    - 与同级同事的谈话
  - 与领导的谈话
    - 与领导说话时的注意事项
    - 向领导提要求和建议时的注意事项
    - 向领导做汇报或进行讨论时的注意事项
    - 在工作中出现失误时的注意事项

学习目标

知识目标
(1) 了解幼儿教师交际口语的含义。
(2) 了解幼儿教师交际口语的使用原则。

能力目标
掌握幼儿教师交际口语的方法和技巧，能与同事、领导和家长进行有效沟通。

素质目标
树立正确的幼儿教师口语观，提高对口语的重视。

第一节　幼儿教师交际口语概述

一、幼儿教师交际口语的概念

交际口语是人在交际活动中，为了传递信息、交流思想和情感等所使用的口语。幼儿教师的交际口语主要是指教师在教育教学活动以外，与同事、领导、家长等进行沟通时使用的职业口语。

幼儿教师只有掌握了交际口语的使用技巧，才能更好地与同事、领导、家长以及其他相关人员进行沟通，更有利于完成教育教学工作。

二、幼儿教师交际口语的使用原则

使用交际口语的前提是必须说好普通话，只有使用标准规范的普通话，才能体现出教师的职业素养，展现教师的职业形象。同时，还要注意遵循以下三点基本原则：

（一）真诚互动

幼儿教师使用交际口语首先要遵循真诚互动的原则。真诚，即发自内心地表达自己的思想、情感等，真心实意地沟通，不能让对方感到虚假、做作，以免影响沟通效果。互动即双向沟通，无论是面对同事、领导，还是家长，都要认真倾听、积极反馈，这样才能更好地沟通。

（二）区分对象

交际口语的使用对象非常广泛，对象不同、交际目的不同，选用的交流方式也不同。面对同事、领导、家长等不同对象时，要及时调整交流的内容和方式，充分考虑交际对象的文化背景和知识素养等。与同事交流要尊重对方，诚实沟通；与领导交流要不卑不亢，严谨负责；与家长沟通要亲切自然，真情流露。总之，根据不同的交际对象，教师要做出灵活的应对。

（三）注意场合

交际口语的应用还要注意场合，语言活动要根据不同的语境及时调整，在不同的场合，要采用不同的沟通方式和内容。公众场合（如教研活动、家长会、开放日等）与个人谈话时使用的口语应有所区别；在庄重的正规场合，语言表达要典雅大方，在轻松的场合，语言可以幽默亲切。

在教育、教学活动中，教师交际的主要对象是学生，教师处于主导的权威地位；在教师的其他工作语境中，交际对象发生了变化，不再是教育对象，交际双方处于平等的地位。因此，教师要具备角色转换意识。例如单位同事包括两类人：一是上级领导，二是同级同事。因此，与单位同事的交际口语包括与上级领导的交谈、与同事的交谈等。

第二节 与幼儿家长的谈话

与家长沟通是幼儿教师的一项常规性工作，形式有多种：个别交流有来、离园接待，打电话，家访，还有通过家园联系册与家长进行的书面沟通；集体交流有家长会、亲子活动、家长沙龙等。通过这些交流和沟通，能让家长了解幼儿园的教育教学工作和孩子的在园情况，还能挖掘家长的教育资源，发挥家园共育的最大功效。在与家长的沟通中，交际口语运用是否得当，决定了幼儿教师能否准确传达自己的想法，从而达到预期的目的。

一、与家长沟通的基本原则

（一）主动沟通

幼儿教师要主动与家长进行沟通，充分利用开放日活动、家长会、家访、家长助教等多种渠道。

（二）尊重对方

幼儿教师必须尊重家长的人格尊严，与家长建立平等的沟通关系，这是沟通成功的首要条件。

（三）保护隐私

幼儿教师应该注意保护幼儿家庭的隐私，这样才能更好地与家长进行沟通。

二、与家长沟通的主要方式和途径

（一）日常沟通

与家长的日常沟通以幼儿进园和离园时为主。在幼儿进园和离园时，教师要抓住时机，及时与家长沟通，反馈幼儿的情况，获得家长的配合，形成教育的合力。要用委婉的语气，简明扼要地进行表达，多肯定幼儿，多关注幼儿的优点和进步，使家长乐于接受。还要善于倾听家长的意见和建议，避免单方面滔滔不绝的表达，充分表现对家长的尊重，这也是建立良好沟通关系的前提。

不要忽略称呼的重要性。称呼既是一种尊重，也是交际角色的体现，恰当得体的称呼能够拉近双方的心理距离，初步建立感情基础，产生亲切感。

针对不同类型的家长要采取不同的沟通方式。家长的知识结构、职业类别、性格气质和修养程度参差不齐，在与家长的沟通中，应尽量做到有针对性。对于内向型家长，应该主动与其交流，寻找共同话题；对于溺爱型家长，应多表达对幼儿的关心，让家长充分信任幼儿园；对于挑剔型家长，应该晓之以理、动之以情。

（二）家访活动

家访是幼儿园教育中的重要环节，通过家访活动，教师可以更加深入地了解幼儿的身心发展状况，也可让家长更加全面地了解幼儿的表现。一般情况下，幼儿园会安排定期和不定期的家访。定期的家访主要包括幼儿刚入园时的新生家访、假期的家访等；不定期的家访则根据教育的需要随机安排。

家访前首先要征得家长的同意，与家长协商确定家访的时间，且要做好充分的准备，这样在家访时才能全面反馈幼儿在园的表现。教师要主动与家长交流教育幼儿的方法与措施，对于教育观念不科学的家庭，要有针对性地进行引导。家访时要做好访谈记录，以便结束后及时根据家访情况做好教育笔记和反思。

家访时的语言一定要谦虚诚恳、开诚布公、实事求是，不可妄下结论、片面评价。还要注意把握家访的时间，不可过于冗长，以免给家长造成不便。

（三）家长会

家长会是全体家长共同参与的集体会议，幼儿教师要做好充分的准备，选取典型的案例进行公开交流。一般情况下，家长会以报告形式进行，即以教师为主，重在反馈幼儿的在园表现，宣传科学的教育理念。也有讨论交流形式的家长会，即教师确定一个讨论的话题，家长各抒己见，共同参与讨论交流，总结分享教育经验。还有展示形式的家长会，即通过展示幼儿作品或者现场表演的形式，与家长分享教育成果。

（四）新媒体沟通

博客、微博、微信、QQ群、家校通等诸多新的交际媒介的应用，极大地拓宽了幼儿教师与家长的沟通渠道。班级博客是一个很好的沟通平台，教师可以及时更新教育心得、班级活动等，以图文并茂的方式，与家长进行交流沟通。微信、QQ群、家校通等便捷的即时通信工具则大大增加了沟通的时效性。

通过新媒体与家长进行沟通时，一定要注意不同媒体的特点，保护幼儿和家长的隐私，以正面教育为主，多表扬、多鼓励、少批评，更不宜点名批评，以免伤害幼儿以及家长的自尊心。

三、与家长谈话的技巧和方法

在幼儿园的工作中，教师与家长的交流与沟通尤为重要。沟通过程中会遇到各种棘手的情况，需要教师因人而异、因事而异、因地而异地与家长进行有效沟通。否则，不仅达不到理想的效果，还有可能造成家长和教师的冲突。

（一）主动沟通，坦诚相待

教师在工作期间几乎每天都会跟家长接触，如果家园工作做不好，就会经常出现这种情况：家长嫌教师对幼儿照顾不周，对教师产生误解；教师嫌家长不理解自己的工作，心怀委屈。当出现这种情况时，作为教师，应当主动与家长进行积极有效的交流与沟通，认真细致地做好家园联系工作。

【案例】

老师的沟通智慧

我们班有个叫刘敏佳的小朋友，她是个体弱儿，性格内向，平时沉默寡言，在教师眼里属于听话、守纪律的孩子。但正是由于她的这种性格，她的奶奶与我之间产生了一次小小的误会。那天，我带幼儿户外活动，因室内外温差较大，我要求幼儿穿上外套，但刘敏佳嫌外套太长，不愿穿。我看她身上的衣服穿得也不少，就答应了。正当我和幼儿在外面玩得尽兴时，刘敏佳的奶奶来接她，我没顾上和她奶奶说话，只是挥了挥手。她奶奶边走边说："你们老师真不像话，这么冷的天也不给你穿外套。"刘敏佳一句话也没说。这情境正巧被一位在大门口的教师听见，她马上告诉了我。第二天，我装作什么事也没发生，主动找刘敏佳奶奶聊天，向她解释了昨天孩子不穿外套出去活动的原因，让她为孙女准备一件短一些的外套或背心，并告诉她一些秋季孩子的保健知识。她听完解释后宽慰地笑了，主动向我表示歉意。

【分析】

身为一名幼儿教师，不仅要时刻关心孩子的一举一动，还要注意不要冷落了家长。应加强与家长的情感沟通与信息交流，了解家长对孩子教育的需要，尽可能满足他们的合理需求，从而激发他们参与幼儿园教育的兴趣和热情。案例中的老师尽管受到了委屈，但仍然积极主动与家长进行沟通，消除误会，从而获得了家长的认可。

（二）肯定幼儿长处，取得家长信任

每个孩子都有长处，也有不足。教师都希望家长能配合帮助孩子改善不足之处，因此在交流中，双方难免会谈到孩子的缺点，这时教师要巧妙使用沟通技巧。首先，要先扬后抑，即先肯定孩子的优点，然后点出不足，这样家长会更易接受。其次，要避实就虚，即不要一开始就切入正题，待家长心情趋于平静的时候再自然引出主题。如家长得知孩子在幼儿园闯祸了，往往会忐忑不安地等待教师的批评，这时如果教师先不指责孩子的错误，而是谈一些其

他的话题，家长就会减少顾虑，甚至会忍不住先代替孩子向教师道歉，此时教师再与家长共同分析问题并找出原因，积极寻求解决的办法。

【案例】

家校沟通（大班）

教师："刘思扬妈妈，您好，刘思扬小朋友学习非常积极主动，喜欢帮助老师做事情，上课每次都是第一个发言。但是最近他的表现欲越来越强，时时、事事、处处都想在小朋友们面前展示自己的才能、树立自己的威信。可他年龄小，把握不好方法，常常误认为欺负小朋友就是树立自己的威信。所以需要我们老师和家长给予他更多的指导和帮助，这样孩子才能更加优秀。"

（三）耐心倾听，保持冷静

教师与家长的初衷是一致的，都是希望孩子好。因此，家长关切孩子在园的点点滴滴是正常现象。如果家长的表达欲望很强烈，教师不要着急打断，而是要理解家长急迫的关心之情，更要全面地揣摩家长话语间表达的深层次含义。只有全面理解了家长话语的含义，才能够为自身的思考提供有效的依据，做到"想好再说"。与其把话说出口再纠正，不如一次把话说正确、说到位，做到言简意明。说话到位，也是展现教师素质、稳定性和专业性的指标，通过教师的言谈举止，家长自然会判断这位教师是否值得信任。

【案例】

爱跳舞的馨馨（中班）

家长："老师，我可以进来和您谈谈吗？"

老师："欢迎！请坐到这儿吧。"（微笑着用手势示意家长坐下）

家长："老师，我们家馨馨最近在幼儿园表现怎么样？"

老师："还可以，有什么话您尽管说好了。"（一边给家长倒茶）

家长："你们班是不是每个孩子都参加了舞蹈排练？"

老师："是的。"

家长："那你怎么就不让我家馨馨跳舞？她回家说，每次跳舞老师都让她坐着。"

老师："那是因为最近馨馨的腿脚不方便，我问她是不是不想跳，她说是，我这才让她坐在旁边看的。"

家长："你知不知道她每天回家就嚷着要跳舞给我和她爸爸看？她爸爸看她这么感兴趣，还特地买了一面大镜子。这么喜欢跳舞的孩子，你说她在幼儿园不想跳舞，谁相信？"（情绪有些激动）

老师："我体谅孩子动作不便、尊重孩子的意愿，有什么错？"（语气加重）

家长："馨馨在家那么喜欢跳舞，你这怎么叫尊重孩子的意愿？"（站了起来）

老师:"馨馨在家的情况你可以向我反映,完全用不着用这种态度呀!"

家长:"你这样的态度就好了吗?什么老师?!我这就去找园长,如果可以,馨馨最好换个班级。"(气冲冲地走出教师办公室)

【分析】

其实从案例中可以看出,馨馨妈妈其实是想告诉教师,馨馨尽管腿脚不便、跳不好舞,但还是想参加班级的舞蹈排练。但是教师没有理解家长的意思,并且面对家长的生气和质疑表现出了对抗的情绪,最终导致了难以控制的局面。面对家长的误解,教师应该主动进行沟通,分析自身是否有工作失误,并积极消除误解,而不应该像案例中那样激化矛盾。

(四)姿态自信,言语谦逊

作为专业的学前教育工作者,为家长做出专业的判断、提出有参考性的意见,在获得家长认可的同时,也有助于自信心的培养。在和家长沟通时,要及时调整心态:面对无助的家长,应该提供温暖的帮助;面对强势的家长,也要不卑不亢,勇敢表达自己的立场;面对家长的肯定,则需要注意不要被溢美之词冲昏头脑,保持谦逊,不浮躁、不骄傲。

【案例】

"消失的课间操"(中班)

有一天,一名幼儿的奶奶在我们的班级群里发了一条信息:"我特意来看孙女做课间操,你们为什么不下来?"我还没想好怎么跟家长解释,群里的消息就像炸开了锅一样。

家长A:"孩子正是长身体的时候,凭什么取消课间操?"

家长B:"我家宝贝最近胃口不好,老师能不能让孩子出去锻炼一下?"

家长C:"这个操场是新修的,估计花了不少钱,幼儿园是怕孩子踩坏才不让去的吧。我们掏了那么多学费,孩子还不能在操场锻炼,你们应该给我们退学费。"

家长D:"不光不让孩子锻炼,我家宝贝说在幼儿园里也吃不饱,一顿才给孩子吃两只虾。你们幼儿园是不是没钱?没钱我来出,反正我家也不缺。"

家长E:"群里的老师都哑巴了吗?怎么没人说话?"

面对家长的质疑,我其实很难过,也很想用狠话顶回去,但是作为专业的幼儿教师,我不能正面和家长起冲突,要保持冷静。于是,我在群里作了以下回复:

您特意来看孙女做操,却没看到,在此向您表示抱歉!今天园里有活动,所以取消了课间操。您这么关心孩子成长,××有您这样的奶奶,真是幸福!

我们幼儿园每天早晨都是10点做操,欢迎各位家长在晨操的时候来观摩。如果无法亲自到场观看,我们会在群里给各位家长发孩子们的晨操视频。

"孩子长身体是一个长期的过程,除了锻炼,还要科学补充营养。根据儿童营养专家的建议,每天蛋白质的摄入量是50克,肉类的摄入量为50~75克,蔬菜类是150~300克,我们严格按照中国学龄前儿童平衡膳食的要求给孩子们配餐,请大家相信我们教师的专业素养。"

回复完后,群里变得鸦雀无声,然后有几个家长说:"幼儿园真的很专业,我们很放心。"

【分析】

案例中的教师有着非常好的专业素养,在面对家长的质疑和无理取闹时,保持冷静、有礼有节,迅速消除误会、化解矛盾,最终获得了家长的认可。

四、不同场合的应对策略

除了上述沟通技巧外,教师还应该注意在不同场合使用不同的交际方法。

(一) 来园、离园时的口语交际

来园、离园是家长把孩子交到教师手里,再把孩子从教师手中接回家去的过程。来园、离园时间是幼儿教师与家长接触最频繁的时候,也是教师及时和家长交流的最佳时机。但是由于时间短、对象多,此时的口语表达要简短有效,侧重关注平时接触较少的家长。

(1)态度诚恳,语言平实,少用专业术语。例如:"您的孩子最近在幼儿园里表现进步很大,但是今天……您回家可以先问问孩子是怎么回事,然后明天我们入园时再和孩子沟通一下,可以吗?"

(2)针对具体问题,给出合理建议。例如:"这位家长,您不要着急,孩子偶尔会犯错误,我们一起慢慢引导他。"

(3)多用描述性语言,少用判断性或者绝对化的语言。例如:"您的孩子下午在幼儿园和其他小朋友打架,把那个孩子咬伤了,您先不要生气,我们先给孩子看病,随后再问问是怎么回事,您看可以吗?"

(4)突出重点,简明扼要。例如:"今天把您叫住就是说一下明明昨天在幼儿园里打人的事情。"

【案例】

爱哭的玉玉(小班)

玉玉是一个非常聪明、观察力非常敏锐的孩子,但是每次来幼儿园,哭闹现象都特别严重,哭起来就没完没了,家长为此经常站在教室的窗户前徘徊、观察、不愿离开。

教师:"玉玉妈妈,我看您一连三天都在窗户外面看孩子。是不是担心孩子在幼儿园的情况?其实很多小朋友刚来幼儿园都是这样的。因为他们来到一个陌生环境,没有安全感,所以感到不适应,这是正常的儿童分离焦虑,我们会帮助孩子克服的。"

家长:"是的,一看到孩子哭我就难受,我想着多站一会儿她就不哭了。"

教师:"玉玉妈妈,其实您站在这里,她就会一直焦虑,所以才会一直哭。您走了以后,我们让玉玉和别的小朋友一起玩玩具,慢慢地她就不哭了。但是如果您一直站在这里,孩子

的关注点在您这儿，她就会不愿意参加早读和其他晨间活动，久而久之，就会孤僻、不合群、做事拖拉。所以我希望您理解和相信我们，放心地把孩子交给我们。"

家长："好的好的，我明白了，谢谢老师。"

【分析】

教师客观、科学、真诚的话语让家长感受到了其专业能力和对孩子的关心，达成了较好的沟通效果。

（二）家访时的口语交际

家访是幼儿教师为了特定的目的到幼儿家中，与幼儿家长就幼儿教育问题进行单独交谈的一种家园联系方式。它是目前幼儿园与幼儿家长联系的主要方式之一，也是幼儿教师广泛采用的一种与幼儿家长沟通、交流幼儿发展信息的方式。

1. 新生家访

新生家访主要是幼儿教师为了了解幼儿的生活习惯、兴趣爱好、个性特点和父母素养，以及他们在孩子教育问题上所持的观点。教师在新生家访时要做到以下几点：

（1）着装得体，真诚自然。

（2）明确谈话目的和谈话内容。

（3）灵活运用专业知识，适时提出建议。

（4）事先预约，明确时间。

【案例】

第一次家访（小班）

（电话里）

教师："您好，请问是思颖小朋友的妈妈吗？我是××幼儿园××班级的××老师，很高兴您把宝宝送到我们幼儿园接受专业的学前教育。宝宝刚到幼儿园可能会产生不安和焦虑，会哭闹。为了减少宝宝的哭闹，让宝宝尽快适应新环境，我们想进行一次家访，和宝宝建立初步的感情，不知道您什么时间方便？"

家长："本周五下午可以。"

（家访中）

教师："思颖，你好。你今年几岁了？可以和老师说说你平时喜欢干什么吗？"

（与幼儿交流后）

教师："思颖妈妈，思颖的画画得非常不错，展现了她在这方面的天赋，您培养得很好。"

【分析】

案例中的教师为新生家访做了充分的准备，首先进行了详细的自我介绍，告知家访目的，取得家长的信任和理解，同时和家长约定了准确的时间，避免白跑一趟。最后在家访中，积极与幼儿进行互动，了解幼儿的兴趣和爱好，成功地完成了家访任务。

2. 探视性家访

有时幼儿生病没到幼儿园或家里出了意外等，就需要幼儿教师到幼儿家中探视。这样做一方面可以让幼儿教师及时掌握幼儿生理、心理的发展情况，以采取适当的措施；另一方面可以给家长和幼儿的心理以慰藉，让他们感受到关心和爱护，更加喜爱教师。

沟通技巧：

（1）明确目的和谈话内容。

（2）积极进行鼓励和安慰。

（3）尽量避开私人话题。

【案例】

探望亮亮（中班）

亮亮生病了，几天没来幼儿园了，周老师每次打电话询问，家长都只是说还在发烧、去不了幼儿园，就匆匆挂断。于是周老师决定到亮亮家探望，一进门就问亮亮妈妈："亮亮身体好点了吗？我来看看孩子怎么样了。"亮亮妈妈很感激老师对孩子的关心，说："孩子这几天没什么精神，饭也吃得少了，但是输液时没有哭，我觉得孩子长大了。"周老师对亮亮说："亮亮真勇敢，老师回幼儿园后一定跟小朋友们说，让大家都向你学习，好吗？你想早点儿上幼儿园吗？那就要多吃饭菜，身体才会好，身体好了就可以上幼儿园了。"接着用真诚的口吻对亮亮妈妈说："亮亮是个勇敢的孩子，我在班级里要好好表扬他。生病确实会胃口不好，我们在幼儿园里也会特别关照他的饮食，请您放心！"

【分析】

案例中的幼儿教师对生病在家的幼儿进行了家访，询问幼儿病情以表示对幼儿的关注，在家长表露出顾虑时，真诚地表达了会好好照顾孩子，对幼儿的良好表现也进行了鼓励，起到了较好的作用。

（三）各类家长活动中的口语交际

1. 家长会

家长会是幼儿园的常规工作，主要由幼儿教师对幼儿园、班级和幼儿的各方面情况进行汇报，并就一些问题进行交流。幼儿教师是会议主持人，口语水平会直接影响会议的质量。在家长会上应尽量做到以下几点：

（1）语言柔和，氛围轻松。

（2）语调委婉，坚持正面反馈。

（3）关注全体。

（4）互动交流。

【案例】

家长会发言（大班）

教师："各位家长，大家好，非常感谢你们能在百忙之中抽出时间来参加这个家长会，这让我感受到了各位家长朋友对我们工作的理解与支持，此刻我们教室里的氛围让人觉得无比温馨。在此，我真诚地对你们说一声谢谢。首先，我来自我介绍一下。我是本班的主班老师，姓×，我的电话号码写在黑板上了。我是今年下半年刚调来的，大家可能还不太了解我，我已经把个人情况打印好，放在各位家长的桌子上了，大家可以抽空了解一下，以便以后更好沟通。大班是孩子们在幼儿园生活最重要的一年，也是入学前十分关键的一年。作为主班老师，我们将更加耐心、仔细、认真，尽自己最大的努力去培养孩子各方面的能力。孩子们经过半个学期的学习与生活，在各方面都有进步……"

【分析】

这位教师事先准备并发放了简历，可以获得家长的好感，给人留下做事认真、责任心强的印象，同时为简短的自我介绍做了铺垫。接着重点介绍了班级情况，并从不同角度表扬了全班每位幼儿的优点，这使家长会在信任与轻松的氛围中展开，提高了会议的质量。

2. 亲子活动

亲子活动是幼儿园牵头组织、幼儿与家长一起参加的各种活动，如亲子运动会。亲子活动有助于增进幼儿教师与家长、幼儿之间的感情，还可以充分挖掘家长的教育资源，弥补幼儿教育资源的不足。幼儿教师在此类活动中起组织、协调的作用，因此必须运用适宜的交际口语，才能取得较好的活动效果。

【案例】

毕业活动（大班）

幼儿园大班小朋友即将毕业，为了让孩子们在园生活的最后一天过得更有意义，幼儿园特别组织了一系列活动，具体安排如下：上午家长送孩子入园；中午幼儿在园吃完自助餐后，分班举行毕业典礼，发放毕业证书，表彰优秀幼儿；最后由家长陪同举行集体游园活动。由于活动内容太多，需要拍照摄像、准备餐食、整理教室、制作毕业纪念册，只靠幼儿教师根本忙不过来，因此需要家长配合。但是该如何调动家长的积极性，让他们主动参与呢？

A班有经验的教师查看了调查表后，在家长接送幼儿时，有针对性地就此事进行了交谈。

教师："菲菲妈妈，最近菲菲进步很大，如果以后能多参加集体活动，会变得更开朗。那天菲菲还主动说妈妈做饭做得特别好，还会做漂亮的蛋糕，其他小朋友都很羡慕菲菲呢。"

菲菲妈妈："哈哈，这个孩子。不过我确实会做一些甜品，如果有机会，可以给其他孩子尝尝。"

教师："那太好了，刚好最近我们准备开展一次亲子活动，需要做些糕点，您有这方面的

经验，可以指导一下我们吗？"

菲菲妈妈："没问题。"

看到菲菲妈妈爽快地答应了，好几个家长也围过来，积极报名摄影、接送孩子、布置教室等任务。

B班的青年教师当天晚上在群里发了活动内容，然后征求大家的意见。

教师："这个活动是我们幼儿园的一项任务，但老师们根本忙不过来。有哪位家长愿意帮忙吗？"

彤彤妈妈："我平时上班太忙，没有时间，实在不好意思。"

亮亮妈妈："这个活动挺好的，但我们做生意实在没时间，要不给幼儿园捐点钱，你们弄一弄就行。"

还有家长说太麻烦了，请老师体谅家长，不要把这个任务勉强塞给他们。家长的回复不禁让这位教师一下子陷入失落中，最后还是园长出面，组织家委会把这个活动进行了下去。

【分析】

幼儿教师的口语表达会直接影响交流效果。积极的情感是幼儿教师与家长之间和谐交流的基础，它能像彩虹一样将教师和家长的心连接在一起。

第三节 与同事的谈话

一、与同事谈话的基本原则

（一）语境协调原则

语境是口语表达时所处的现实环境或具体情境。面对同事时，幼儿教师口语交际的语境不再是对学生、对家长，也不再是在教室、在课堂上，说话的时间、地点、场合、对象都不同，这就要求语言运用与所处的特定交际环境相切合、相适应。

（二）得体原则

在与同事交际时，要做到得体，即说话要符合双方身份、地位、文化修养等特点，符合交际任务、交际目的的要求，符合交际环境及氛围。

与上级谈话时，态度要礼貌，用语要尊敬、诚恳、简明。同时，要选择恰当的谈话时机，紧扣主题，便于实现谈话目的。

与同级谈话时，用语要平等相待、真诚感人，语气要平和。谈话双方意见不合时，不要恶语伤人、冒犯对方，也不要讥讽挖苦、穷追不舍，要有策略地说服对方。总之，要多点喜

悦、少点愤怒，多点谦和、少点傲慢。

在集体活动中，教师做主持、串场、致辞等时，用语要求新、求巧、求真。同时，集体活动中的讲话一般不宜过长，应点到为止。

在教研活动中，要注意口语风格和书面语风格的有机结合，做到论点鲜明、准确，条理明晰，重点突出，主次分明，态度谦和。同时要认真倾听，紧扣议题，不要信口开河、"垄断"会场，也不要沉默不语、只当听众。

（三）尊重谅解原则

尊重就是重视并恭敬地对待交际对象。与同事交往中的尊重主要体现在三个方面：一是尊重对方的人格，二是尊重对方的秘密，三是回避对方的忌讳。

谅解是一种宽大为怀的表现。言语交往过程中的谅解，就是在体察对方心理、领悟对方用意的基础上，不去挑剔或指责对方的言语疏忽或错误。例如表达的意思对方一时领悟不了或者产生了误解；对方说话时因水平所限或情绪激动等，导致词不达意；对方因一时情急而言词激烈，甚至产生言语冲撞；等等。发生这类情形时，只要对方不是故意所为，就应该予以体谅，心平气和地用言语加以疏导，促使交谈深入进行。

二、与同级同事的谈话

在日常工作中，幼儿教师接触最多的除了幼儿，就是同事了。在与同事共事的过程中，可能会因为意见相左而产生争论，也可能需要同事协助自己完成工作。因此，与同事建立良好的关系、形成良好的工作氛围，对于幼儿园的日常管理和教师工作效率的提升有很大的帮助。

（一）合作完成工作时

幼儿园的每个班级一般都会配备2~3名教师，他们会共同管理一个班级，完成幼儿的教育、卫生、保健及生活护理工作。教学计划的制订、环境创设、工作交接等都需要所有教师合作。因此与同事的交流应以平等为前提、以班级工作为中心、以服务幼儿为目的，共同为幼儿构建一个和谐的教育环境。

【案例】

教师交班

教师："肖老师，今天咱们园里来了34个孩子，鸣梁生病请假，我已经打电话询问过了。妮妮妈妈说孩子有点发烧，需要特别注意一下。甜甜家里有事，妈妈提前把她接走了。早晨我完成了本周教学计划中的故事讲述《爱美的小公鸡》和科学游戏'找影子'，这些我在工作记录表里已经写清楚，下午你可以安排其他活动。辛苦了，注意安全第一哦。"

【分析】

这是两位主配班老师的交接语，除此以外还有详细的书面交接。只有做到口头和书面的双交接，才能确保工作安全、顺利进行。

（二）需要同事帮助时

工作中经常会遇到需要同事帮助的情况，如课堂教学指导、帮忙代课、帮忙照看班级等，此时语言要真挚，营造互助的积极氛围。

向同事寻求帮助时需做到以下几点：

（1）诚实说明原因，征得对方的帮助。

（2）请同事帮忙要把握好适当的时机，对方时间宽裕、心情愉快时，作出肯定答复的可能性就比较大。语气要谦恭，多用请求、征询的句式，"请"字当头。

（3）请同事帮忙会给对方带来一定的麻烦，造成时间或精力上的消耗，为此要向对方表示歉意。如果对方同意帮忙，一定要真诚致谢；如有客观原因确实不能帮忙，也要表示理解，不能抱怨，更不能给人脸色看。

【案例】

一个人的元旦

幼儿教师A、B是搭班同事，马上到新年了，园里让教师加班布置元旦环创。结果刚到下班时间，教师A就拿起背包说："我有事先走了。"只留下教师B独自布置。教师B看着她离去的背影非常气愤，将此事告知了园长，并要求换班。这件事情后来在幼儿园里传开，没有人愿意和教师A搭档，最后她只好辞职离开。

【分析】

教师A在无法完成工作任务时没有寻求同事的帮助，而是我行我素，仅用一句"我有事先走了"便推脱了自己的工作，既没有尊称也没有内容，导致教师B对她的行为非常不满，不利于双方今后的交往合作。如果教师A能够诚恳地向教师B说明原因，并及时表示歉意的话，结果应该会不一样。

（三）教学研讨时

成功的教学研讨需要每一位参与者积极配合，在发言时要注意以下几点：

1. 用语礼貌，态度谦和

需要发言的时候应该积极主动，简单向大家问好，结束时也应该使用简短的礼貌用语。在别人发言的时候不插话，不打断对方。如果遇到意见相左的同事，不要针锋相对，而是用平常心和气请求对方让自己把话说完。

2. 紧扣主题，思路清晰

发言必须紧紧围绕主题，观点鲜明，有自己独特的见解，条理清楚。

3. 简明扼要，避免冗长

集体讨论时间有限，不要占用他人过多时间，发言要突出中心、语言简练。

【案例】

教研会发言

红星幼儿园开学前召开教研会，讨论主题是特色传统文化校园建设的主题墙布置。教师们纷纷提出了自己的见解，最后只有新来的教师 A、B 和 C 没有发言。园长让他们也说说自己的看法。

教师 A："不好意思，我觉得前面的老师们说得挺好的，我没什么意见。"

教师 B："我觉得刚才老师们说的想法不够创新，我觉得应该多从艺术角度来设计。我给大家分析一下什么叫艺术设计……"（发言半个小时）

教师 C："大家好，我叫××，是今年刚刚入职的小六班老师。今天非常荣幸能参加这次教研会，刚才老师们的发言让我获益匪浅。我粗浅地说一下个人想法，希望各位老师批评指正，让我有更多的经验可以学习。"

【分析】

教学研讨会不是宣泄个人情感的地方，更不是展示自己独特个性地方。参加教研会的教师要围绕主题进行有针对性的有效发言，态度要谦虚礼貌。教师 A 表现得过于谦虚，没有积极主动地发表自己的观点，会让领导和同事觉得他没有实力；教师 B 明显没有搞清主题，过度展示了自己；教师 C 态度谦虚、表达清楚，既展示了自己的才能，也照顾了大家情绪。

三、与领导的谈话

（一）与领导谈话时的注意事项

在工作中，幼儿教师除了和同事进行日常沟通外，还需要经常接触各级领导，如向领导汇报工作，请求批示、征求意见、寻求帮助等。教师和上级谈话时要注意以下两点：

1. 把握谈话时机

与上级领导谈话的时机是否适宜，是影响谈话成败的不可忽略的因素。时机选择得恰当，便于实现谈话目的；时机不适宜，会给谈话带来困难。

2. 注意谈话方法

教师同上级谈话，用语要注意谦敬、坦诚、简明。谦敬能使彼此保持良好心态，创造和谐的谈话气氛；坦诚即如实反映情况，是一种对工作负责的表现；简明就是把想说的主要问题开门见山地说出来，不绕弯子，不拖泥带水，做到言简意明。

（二）向领导提要求和建议时的注意事项

1. 从集体和园所发展的角度考虑

从集体利益出发提出的意见，领导才更容易接受。如果教师过于计较个人利益，很可能影响领导和同事对所提意见的看法。

2. 分析事情关键、问题症结

教师在提出自己的意见和要求时，要深度分析事情的关键点，从顾全大局和务实的角度提出解决方法，这样会让上级领导看到教师的能力和责任心。

3. 言简意赅，抓住重点

要言简意赅地将个人观点和要求阐述清楚，突出重点，这样上级领导会更容易接受。

4. 因人因地因时，采用不同的方式提出建议

不同领导的个性不同，对提出建议的方式接受度也不同。有的希望在公开场合接受意见，共同探讨解决问题；有的喜欢个别交流、私下探讨。

【案例】

我想去培训

教师："园长，您好！您这会儿工作忙吗？有个事情想和您沟通一下。"

园长："可以。"

教师："您能抽时间审批一下我这份培训申请报告吗？我昨天就想找您，但看您忙着，就没打搅。"

园长："好吧，我看看。"

园长一边看，教师一边用手指点用红线画出的重点处，简单说明这次培训的内容和重要意义。

园长面有难色："好是好，可现在临近学期末，幼儿园日常工作比较多，而且园里经费也很紧啊！"

教师："确实不巧！可是这种国家培训项目一年只有一次，而且咱们园明年要申请省级示范园，需要园里的骨干老师具有相关的职业资格和培训经历。我咨询过，这次培训分为线上和线下两种，线上的培训是一个月，线下是一个星期。如果到时幼儿园工作实在协调不开，我可以选择线上培训，这样既不影响日常工作，也可以获得相应证书。"

园长面带微笑，随即批复："同意××同志参加××国培项目线下培训。报名费由园里培训经费支出。"

【分析】

这位教师阐述有条有理，语言简练清晰，前期准备也很充分，终于打动了园长，交涉成功。

(三) 向领导做汇报或进行讨论时的注意事项

（1）请示领导的时候，事先要充分准备，提供几个备选项供领导定夺，不能把问题抛给领导。

（2）向领导汇报工作应该口齿清晰、用词准确、条理清楚，把工作计划、当前进程、重难点和解决方案进行详略得当的汇报。

（3）在和领导一起进行教研座谈或其他形式的交流时，不要扭捏，要大胆发言、热情参与，抓住机会与大家积极交流，分享自己的观点，这样才能得到领导和同事的认可，为开展各项工作和建立良好的人际关系打下基础。

【案例】

放学后的分组活动

有个别家长向幼儿园提出，每天下午留在值班室的孩子总是单一地看书、看电视，能否安排他们进行分组活动。于是园领导建议教师根据幼儿的兴趣开展分组活动。

教师 A 一脸不情愿："老师工作一整天够辛苦了，还要分组活动，那和开展兴趣班有什么区别？人家兴趣班还收费呢！"

教师 B："我认为，是不是能够让家长知道，我们是体谅双职工没法按时来接孩子而开设了值班室？我们在解决家长实际困难的同时，是否也能让家长看到并且体谅我们的难处呢？大部分孩子都是值班老师不认识的，管理本来就有难度，再加上老师辛苦了一天，精神状态已经大打折扣，如果还要开展分组活动，容易顾此失彼，万一有孩子跑出去了怎么办？值班老师的首要责任是保证孩子的安全，为了照顾个别家长的要求，可能会让更多的家长对我们的工作不放心，所以我个人认为不要开展分组活动比较好。"

教师 C："在下班后根据幼儿的兴趣开展分组活动，确实增加了老师的工作量。但是对于家长来说，提出这样的请求估计也是想让孩子在幼儿园里多学习一些知识。园长和各位老师，你们看是否可以这样，我们先跟家委会进行沟通，看看有没有家长朋友可以在这个时间段来组织一些活动，利用自己的特长给孩子们上一些特色课程，这样不仅能缓解园里老师的工作压力，也能更好地促进家园合作。"

【分析】

其实三位教师表达的是同一个观点。教师 A 面对领导提出的问题，不仅没有给出解决方案，还一味抱怨，表达自己心中的不满；教师 B 虽然分析了问题的症结，也表达了自己的看法，但也不符合领导心中最佳的答案；相比之下，教师 C 的发言更容易让领导接受，不仅表达了自己的观点，同时提出了行之有效的建议和方案。

(四) 在工作中出现失误时的注意事项

工作中出现失误是常有的事情，特别是一些年轻的新老师，这种时候不要一味寻找客观原因试图解释，更不要在面对领导的询问和批评时表现得满不在乎、牢骚满腹，甚至当面与领导发生冲突。正确的沟通方式是客观陈述事实，实事求是地检讨自己的错误，并表达改正的决心。

【案例】

谁的工作失误了？

某幼儿园要开展新生家长参观活动，邀请新生的家长参观幼儿园环境、了解孩子的餐食情况和课程内容。由于需要充分准备，因此幼儿园所有教师在参观日前一天都被安排了具体任务。教师 A 是刚到幼儿园一年的新老师，她的任务是按照幼儿园一日三餐，给菜品配上图片和营养说明。教师 A 老师为了节省时间，随便找了一张白色的纸裁剪了一下，用圆珠笔标了菜名，就匆匆离开了幼儿园。结果家长参观时，看到这些七扭八歪的字条，立刻表达了对幼儿园的不满意和不信任。领导找她谈话时，教师 A 找了各种理由搪塞，甚至当面顶撞领导。她说当时主班老师光说了要标注菜名，没具体要求做成颜色卡片，再说幼儿园有专门的厨房师傅，为什么这件事情还要老师来做，表现出一副很不服气的样子。事后她还对同事们不停地发牢骚，显得非常不满。

【分析】

案例中教师 A 在失误后还不服领导批评，甚至把责任推到其他同事身上，这不仅会影响领导对她工作能力的评价，更会让领导和同事对她的品行不满。

拓展阅读

（1）幼儿教师与家长沟通时还有哪些常见技巧？扫码了解一下吧。
（2）幼儿教师与同事关系的管理技巧有哪些？扫码了解一下吧。
（3）作为一名新教师，如何成功主持一次家长会？扫码了解一下吧。
（4）如何做好家访记录？扫码了解一下吧。

| 如何与不同类型幼儿家长进行良性沟通 | 幼儿教师同事关系管理技巧 | 如何成功主持家长会 | 幼儿教师家访注意事项 |

课后作业

（1）请独立完成一份家访记录。
（2）写一份幼儿园家长开放日的活动计划。
（3）在小班幼儿入园后的第一次家长会上，请你作为幼儿教师讲一段话。

参考文献

[1] 黄伯荣,廖序东.现代汉语[M].北京:高等教育出版社,2003.

[2] 王素珍.幼儿教师口语训练教程[M].3版.上海:复旦大学出版社,2020.

[3] 褚香.幼儿教师口语[M].南京:南京师范大学出版社,2016.

[4] 袁莉,袁鹏,周光辉.普通话口语基础教程[M].南京:南京师范大学出版社,2018.

[5] 卓萍,程娟.普通话与幼儿教师口语[M].北京:高等教育出版社,2016.

[6] 崔聚兴,单辉.幼儿教师口语[M].北京:首都师范大学出版社,2019.

[7] 王红.普通话教程[M].西安:陕西师范大学出版社,2018.

[8] 马艳郡,王红丽.幼儿教师口语[M].北京:北京出版社,2014.

[9] 毛艳青,夏燕,江海威.幼儿教师口语[M].长沙:中南大学出版社,2019.

[10] 王娜.教师口语[M].北京:北京出版社,2008.

[11] 国家语委普通话与文字应用培训测试中心.普通话水平测试实施纲要:2021年版[M].北京:语文出版社,2022.